新时代新理念职业教育教材·铁道运输类
铁道交通运营管理实验实训系列教材
活页式、工作手册式新形态教材

铁路客运组织实训工单

主 编 郭 瑾 秦 颖
副主编 张 玉 栗娜娜
主 审 李 玲

清华大学出版社
北京交通大学出版社
·北京·

内 容 简 介

本书根据铁路客运岗位职业能力要求，以专业技能训练为主线、以职业素质培养为核心进行内容的设计。本书采用活页式、工作手册式的呈现方式，促进教学效果的提升。本书分为 9 个项目：铁路旅客运输安全、售票员技能训练及常见问题处理、客运员技能训练及常见问题处理、普速旅客列车列车员技能训练及常见问题处理、高速动车组列车乘务员技能训练及常见问题处理、站车协同作业、客运服务礼仪、旅客运输计划、铁路客运相关知识题。

本书适合作为职业教育铁道运输类专业的教材，也可作为铁路职工培训教材。

本书封面贴有清华大学出版社防伪标签，无标签者不得销售。

版权所有，侵权必究。侵权举报电话：010-62782989 13501256678 13801310933

图书在版编目（CIP）数据

铁路客运组织实训工单 / 郭瑾，秦颖主编. —北京：北京交通大学出版社 ：清华大学出版社，2023.8

ISBN 978-7-5121-5049-2

Ⅰ．① 铁… Ⅱ．① 郭… ② 秦… Ⅲ．① 铁路运输–客运组织–技术培训–教材 Ⅳ．① U293.1

中国国家版本馆 CIP 数据核字（2023）第 140945 号

铁路客运组织实训工单
TIELU KEYUN ZUZHI SHIXUN GONGDAN

责任编辑：刘 辉

出版发行：清 华 大 学 出 版 社 邮编：100084 电话：010-62776969 http://www.tup.com.cn
北京交通大学出版社 邮编：100044 电话：010-51686414 http://www.bjtup.com.cn

印 刷 者：艺堂印刷（天津）有限公司

经 销：全国新华书店

开 本：185 mm×260 mm 印张：11.5 字数：264 千字

版 印 次：2023 年 8 月第 1 版 2023 年 8 月第 1 次印刷

印 数：1～3 000 册 定价：49.80 元

本书如有质量问题，请向北京交通大学出版社质监组反映。对您的意见和批评，我们表示欢迎和感谢。
投诉电话：010-51686043，51686008；传真：010-62225406；E-mail：press@bjtu.edu.cn。

前　言

随着我国铁路事业的发展，铁路客运在旅客运输市场中发挥着越来越重要的作用。铁路企业对铁路旅客运输服务人才、管理人才提出了更高的要求，专业服务操作能力强、具有发展潜力的高素质技术技能型人才受到铁路企业的青睐。

本教材贯彻"以职业岗位为课程目标，以职业标准为课程内容，以教学项目为课程结构，以最新技术为课程视野，以职业能力为课程核心"的课程建设要求，体现了教、学、做合一的指导思想。使学生在学习中感受作业环境，体会岗位要求，理解岗位所需的知识和技能。

本教材在深入铁路现场站段进行调研的基础上，以铁路客运主要工种的知识要求和技能要求为主线进行编写。本教材还配有教学指导方案和教学指导要点。本教材以现行铁路客运规章、国家和铁路行业技能标准为依据，坚持理论联系实际的原则，力求体现教材的科学性、系统性和先进性，确保教材内容与铁路客运发展的现状和趋势相符，体现高等职业教育"以专业技能训练为主线、以职业素质培养为核心"的特点。本教材为铁路客运组织实训类教材，可与《铁路客运组织》等主教材配合使用。完成本教材中任务准备、任务实施、任务评价步骤，除借助任务指导部分介绍的知识、技能外，还可参考《铁路客运组织》《铁路客运规章》等教材。

本教材由包头铁道职业技术学院郭瑾、秦颖担任主编，包头铁道职业技术学院张玉、栗娜娜担任副主编，中国铁路呼和浩特局集团有限公司包头站李玲担任主审，具体编写分工如下：秦颖编写项目1、项目2；栗娜娜编写项目4、项目5；张玉编写项目6；郭瑾编写项目3、项目7、项目8和项目9。

在编写本教材的过程中，我们得到了相关部门的大力支持，得到了行业专家的热情帮助和指导，在此深表感谢。

由于编者水平有限，书中难免有不妥之处，敬请读者批评指正。反馈意见，索取本书教学资源，可与本书责任编辑刘辉联系（邮箱：hliu3@bjtu.edu.cn；QQ：39116920）。

编　者

2023 年 8 月

目　　录

项目 1　铁路旅客运输安全 ·· 1

学习情境 1.1　铁路客运安全 ·· 1

项目 2　售票员技能训练及常见问题处理 ···························· 13

学习情境 2.1　手工售票 ··· 13

学习情境 2.2　手工退票 ··· 21

学习情境 2.3　手工改签 ··· 27

学习情境 2.4　计算机售票 ·· 35

学习情境 2.5　计算机退票 ·· 39

学习情境 2.6　计算机改签 ·· 43

项目 3　客运员技能训练及常见问题处理 ···························· 47

学习情境 3.1　进站工作组织 ·· 47

学习情境 3.2　乘降工作组织 ·· 51

学习情境 3.3　接算站示意图绘制 ·· 55

项目 4　普速旅客列车列车员技能训练及常见问题处理 ········· 59

学习情境 4.1　接车准备作业 ·· 59

学习情境 4.2　始发作业 ··· 65

学习情境 4.3　中途作业 ··· 69

学习情境 4.4　终到作业 ··· 75

项目 5　高速动车组列车乘务员技能训练及常见问题处理 ······ 79

学习情境 5.1　出乘前准备作业 ··· 79

学习情境 5.2　始发作业 ··· 83

学习情境 5.3　途中作业 ··· 87

学习情境 5.4　列车折返站及终到作业 ······································· 93

I

项目6 站车协同作业 99

学习情境6.1 客运记录 99

学习情境6.2 站车台账 105

学习情境6.3 站车交接 109

学习情境6.4 重点旅客服务 113

学习情境6.5 站车非正常情况应急处置 119

项目7 客运服务礼仪 123

学习情境7.1 客运服务人员仪容仪表训练 123

学习情境7.2 客运服务人员表情训练 127

学习情境7.3 客运服务人员站姿训练 131

学习情境7.4 客运服务人员走姿训练 135

学习情境7.5 客运服务人员坐姿训练 139

学习情境7.6 客运服务人员蹲姿训练 143

学习情境7.7 客运服务沟通礼仪训练 147

学习情境7.8 客运服务用语训练 151

学习情境7.9 旅客投诉处理训练 157

项目8 旅客运输计划 161

学习情境8.1 客流量预测 161

学习情境8.2 客流斜线表、客流图的绘制 165

项目9 铁路客运相关知识题 169

铁路客运相关知识题参考答案 177

参考文献 178

项目1　铁路旅客运输安全

学习情境 1.1　铁路客运安全

学院		专业		姓名	
组长		小组成员			

知识目标

（1）掌握客运工作岗位人身安全、电气化安全、消防安全相关理论知识。

（2）掌握车站安全卡控重点，列车安全卡控重点等相关知识。

能力目标

（1）熟悉站车客运工作岗位安全规范。

（2）熟悉电气化区段作业安全标准。

素质目标

（1）了解安全生产的重要性，懂得生命的可贵，爱惜生命。

（2）树立安全意识，养成安全作业的习惯。

1

1. 任务内容

铁路人身安全；电气化安全；消防安全；车站安全卡控重点；列车安全卡控重点。

2. 任务指导

1）人身安全

（1）各级领导必须坚持贯彻"管生产必须管安全"的原则，牢固树立"安全第一，预防为主"的思想。在计划、布置、检查、总结、评比生产工作的时候，同时计划、布置、检查、总结、评比安全工作。

（2）上班前、出乘前要充分休息，禁止饮酒，工作中保持精力充沛，精神集中，坚守岗位，遵守纪律，不得做与工作无关的事，不准打闹玩笑，严禁私自替班、换班。

（3）在任何作业开始之前，均应首先检查设备、工具及与工作有关的环境，如有不安全因素，必须消除或采取安全措施后，方可开始作业。

2）电气化安全

（1）当列车在电气化区段运行时，车辆、客车、保温车的梯子和支架处，应涂有明显的"禁止攀登""有电危险"的警告牌。

（2）在距离接触网带电部分不足 2 m 的建筑物作业时，接触网必须停电。

（3）在电气化区段，职工不准登上机车车辆顶部或翻越车顶通过线路。

（4）电气化区段所有接触网支柱应悬挂或涂有"禁止攀登""有电危险"的警告牌，施工人员禁止在支柱上搭挂衣物、攀登或在支柱旁休息。

（5）在电气化区段，通过铁道平交道口的汽车、拖拉机等运输工具装载的货物高度不得超过 4.5 m。

（6）在电气化区段，禁止通过任何物体，如棒条、导线、水流等与接触网的各导线及相连部件相接触。

3）消防安全

（1）"三懂三会"：懂得本岗位的火灾危险性，懂得预防火灾的措施，懂得扑救火灾的方法；会报警，会使用灭火器，会扑救初起火灾。

（2）旅客列车上的灭火器有两种，分别为水雾灭火器和干粉灭火器。

使用方法：取下灭火器，手提压把迅速赶到着火处，将喷嘴对准火焰根部，压下压把，由远而近，左右扫射，快速推进，直至将火焰全部扑灭。

4）车站安全卡控重点

（1）接班前充分休息，保持精力充沛；班前、班中禁止饮酒；作业中携带和正确使用劳动安全防护用品；禁止穿着高跟鞋、露有脚趾的凉鞋、硬底鞋等易滑鞋；上道作业应穿有反光标志的防护服，衣服穿戴整齐、鞋绳系扣牢靠，防止刮、擦、摔倒。

（2）在站台作业过程中，不得侵入安全线。作业人员应熟知作业区域内客运及涉及人身安全的设备设施，并随时注意使用情况；遇设备设施出现异状或发生变化时，应及时通知有关人员并采取安全措施。

（3）当顺线路行走时，应走两线路中间，不得侵入机车车辆限界，并注意邻线的机车、车辆运行和货物装载情况。严禁在轨心、轨面和轨枕上行走、坐卧,不准脚踏轨面、道岔连接杆、尖轨等。通过线路时,应走天桥、地道。必须横越线路或通过平交道时,应"一站、二看、三通过"。

5)**列车安全卡控重点**

(1)列车员严禁打开背面(非站台侧)车门上下车;冬季及时清扫风挡、脚踏板、车梯上的冰雪;严禁用水冲刷风挡、地板和电器设备;在车门和通过台处作业时,做到手不扶风挡、门边,脚不站渡板连接处;停站立岗时,应面向旅客放行方向立岗;普速旅客列车在高站台时不得背对车厢连接处立岗;停靠低站台,上下车时,必须紧握扶手,严禁飞乘飞降。

(2)旅客乘降期间,列车员应在指定位置立岗、组织引导旅客有序乘降,做好安全宣传,帮扶重点旅客。遇站台与车门高差、间隙较大时,应强化安全宣传、安全提示工作,做好乘降组织工作。

(3)旅客乘降期间,列车员应在车门处立岗组织旅客乘降,做好安全宣传,帮扶重点旅客。列车停靠高站台乘降作业时,站停时间超过 4 min 时,车门口与站台间应使用安全踏板,组织乘降的车门与相邻车厢间空挡处设置警示带。列车停靠低站台乘降作业时,必须打开并卡牢翻板。及时清扫风挡、车梯、脚踏板上的积冰积水,避免旅客滑倒摔伤。

3. 任务准备

(1)准备物品:《铁路旅客运输服务质量规范》、手机或个人计算机。

(2)知识点归纳。

① 横越线路时,要走直角,并严格执行"_____",注意左右机车、车辆动态及脚下有无障碍物。

② 在距离接触网带电部分不足_____的建筑物作业时,接触网必须停电。

③ 旅客运输站务安全包括_____、_____、_____和_____卡控等方面。

④ 车站应建立并落实_____培训、演练制度。新员工上岗前必须进行有关消防安全、消防常识的教育培训,经考试合格后方可上岗。

4. 任务实施

任务一:学生熟记"安全百题",熟记岗位安全标准,复习客运安全知识并填空,将错题归入错题集。小组成员以互问互答形式抽考 30 题,并记录成绩。

(1)各级领导必须坚持贯彻"管生产必须管安全"的原则,牢固树立"_____"的思想。在计划、布置、检查、总结、评比生产工作的时候,同时计划、布置、检查、总结、评比安全工作。

(2)上班前、出乘前要充分休息,禁止_____,工作中保持精力充沛,精神集中,坚守岗位,遵守纪律,不得做与工作无关的事,不准打闹玩笑,严禁私自_____、_____。

(3)在任何作业开始之前,均应首先检查_____、_____及与工作有关的环境，如有不安全因素，必须消除或采取安全措施后，方可开始作业。

（4）工作中要确保服装整齐、纽扣紧扣，按规定佩戴和正确使用防护_____，禁止穿大帽钉鞋、_____、硬皮底鞋、_____及易滑鞋。

（5）在线路上和接近线路作业人员，要坚持_____，有指定安全线路的要走_____。

（6）禁止走_____、_____和侵入_____；通过桥梁隧道时必须走人行道。

（7）上桥、进洞后应注意避车台、_____的位置。

（8）横越道岔时，不得足踏_____和道岔转动部分，禁止从集中联动的道岔处通过。

（9）横越停留列车或车辆时，应确认_____可能，从列车、车辆一端 5 m 外绕行通过（车辆检修作业人员除外），严禁_____。

（10）必须横越列车和车辆时，客车从_____通过，货车应紧握扶手由制动台或_____上越过，并注意邻线来车。

（11）严禁在机车、_____底下、端部、铁路道心、_____上、_____、桥梁上、隧道内坐卧休息、乘凉，避风、雪、雨。

（12）严禁扒乘_____中的机车、车辆，以车代步，倚靠车帮，在线路上作业休息时，应到_____以外安全的地方休息。

（13）接发列车人员在接发列车时，不得站在道心、枕木头及脚踏_____、_____、_____和侵入邻线限界。

（14）机车车辆运行中，严禁在车辆_____上、在平车、砂石车的边端或端板支架上坐立。

（15）机车车辆运行中，严禁在棚车顶或装载超出车帮的货物上_____或走行。

（16）机车车辆_____中，严禁进入线路提钩、调正钩位，摘解风管。

（17）使用手制动时，必须使用安全带，做到"上车先挂钩、下车先摘钩"，不能使用安全带的车辆作业时必须选好_____。

（18）调车人员在连挂或移动车辆前，必须检查确认_____是否有人或其他障碍物。

（19）机车、轨道车、各种机动车辆在运行中，必须坚持不间断_____和认真执行_____制度，并鸣示规定的音响信号。

（20）当列车在电气化区段运行时，车辆、客车、保温车的梯子和支架处，应涂有明显的"_____""_____"的警告牌。

（21）在电气化区段，职工不准登上_____顶部或翻越车顶通过线路。

（22）电气化区段所有接触网支柱应悬挂或涂有"禁止攀登""有电危险"的警告牌，施工人员禁止在支柱上搭挂_____、攀登或在支柱旁休息。

（23）在电气化区段，通过铁道平交道口的汽车、拖拉机等运输工具装载的货物高度不得超过_____m。

（24）在电气化区段，禁止通过任何物体，如棒条、导线、水流等与_____的各导线及相连部件相接触。

（25）严禁在接触网上搭挂_____等物，一旦发现接触网上挂有线头等物，不准接触，当发现接触网导线断落要远离 10 m 以外，并将该处加以防护，立即通知有关部门派人处理。

（26）用水或一般灭火器来浇灭离接触网带电部分不足_____m 的燃着物体时，接触网必须停电。

（27）三级安全教育是企业对新工人进行安全生产的_____教育、_____教育和_____教育，并经过考试合格，才允许进入操作岗位。

（28）三不伤害是不伤害_____、不伤害_____、不被_____伤害。

（29）使用手制动时，必须使用_____，同时还应做到"上车先_____、下车先_____"。

（30）工作中必须认真执行规章制度、严格执行"四标准"，"四标准"是指_____，_____，_____，_____。

（31）横越线路时，要走直角，并严格执行"一站，二看、三通过"制度。横越停留_____时，应确认无移动可能，并从列车、车辆一端_____m 外绕行通过，严禁钻车底。

（32）必须横越列车和车辆时，客车从车门通过，货车应紧握扶手由制动台或车钩上越过，要注意勿踩_____及踢起_____，不得扳动_____的扳手，并注意邻线来车。

（33）在线路上和接近线路作业人员，要坚持同去同归，有指定安全线路的要走指定线路，禁止走道心、枕木头和侵入_____；通过桥梁隧道时必须走_____；无人行道要由专人瞭望，冬季要戴_____，以免影响视听；风、雪、雨、雾天作业时要有专人瞭望列车，否则要停止线路上作业。

（34）当发现接触网导线断落要远离_____m 以外，并将该处加以防护，立即通知有关部门派人处理。

（35）"三懂三会"的内容是指：懂得本岗位_____，懂得_____，懂得扑救火灾的方法；会_____，会使用灭火器，会_____。

（36）针对设备乘务员应做到"两知一会"，即乘务人员知_____、知性能、会_____。各车厢灭火器、紧急制动阀（手柄或按钮）、烟雾报警器、应急照明灯、防火隔断门、紧急门锁、紧急破窗锤、气密窗、厕所紧急呼叫按钮及车门防护网（带）、应急梯、紧急用渡板、应急灯（手电筒）、扩音器等安全设施设备配置齐全，作用良好，定位放置。

（37）旅客列车上的灭火器有两种，分别为水雾灭火器和_____灭火器。使用方法：取下灭火器，手提压把迅速赶到着火处，将喷嘴对准火焰_____，压下压把，由远而近，左右扫射，快速推进，直至将火焰全部扑灭。

（38）使用车辆_____时，不必先行破封，立即将阀手把向全开位置拉动，直到全开为止，不得停顿和关闭。遇弹簧手把时，在列车完全停车以前，不得松手。在长大下坡道上，必须先看制动主管压力表，如压力表指针已由定压下降 100 kPa 时，

铁路客运组织实训工单

不得再行使用紧急制动阀（遇折角塞门关闭时除外）。

（39）接班前充分_____，保持精力充沛；班前、班中禁止饮酒。

（40）作业中携带和正确使用劳动安全防护用品；禁止穿着高跟鞋、露有脚趾的凉鞋、硬底鞋等易滑鞋；上道作业应穿有_____的防护服，衣服穿戴整齐、鞋绳系扣牢靠，防止刮、擦、_____。

（41）在站台作业过程中，不得侵入_____。

（42）作业人员应熟知作业区域内客运及涉及人身安全的设备设施，并随时注意使用情况；遇设备设施出现_____或发生变化时，应及时通知有关人员并采取安全措施。

（43）当顺线路走时，应走_____中间，不得侵入_____限界，并注意邻线的机车、车辆运行和货物装载情况。严禁在轨心、轨面和轨枕上行走、坐卧，不准脚踏轨面、道岔连接杆、尖轨等。通过线路时，应走_____、_____。必须横越线路或通过平交道时，应"一站、二看、三通过"。

（44）线路保洁人员在线路中作业时，应按规定落实_____措施，未落实防护措施不得作业。

（45）防护人员必须经_____方可担任。作业时应携带无线电台（对讲机）并试验确保作用良好，作业中加强联系，听从防护人员指挥，掌握列车运行动态，及时安全避车。

（46）电气化区段有关作业人员，必须正确佩戴、使用、保管_____防护用品（具）。

（47）电气化区段任何人员及其携带的物件，距接触网带电部分必须保持_____m以上距离；遇雷雨天气，严禁在接触网下使用_____伞。不得在"有电危险""切勿靠近""严禁攀登"等警示标志处停留休息。

（48）旅客携带物品、托运的行李包裹和高铁快运物品都必须经过_____检查，旅客应通过安检门和人工手检，确保携带品件件过机、旅客_____、手检个个过关。

（49）旅客经过安全检查进入候车区域后，因其他原因离开候车区域，再次进入时应当重新经过_____。高铁快运、行包受理时严格落实"收货验视、实名登记、过机安检"三项制度。旅客或托运人拒绝安检时，应当_____其进站或办理托运。

（50）安检设备发生故障或停电时，必须实行_____检查。实施人工检查时，原则上应由_____开箱（包）或出示携带物品。人工检查时，应保持旅客物品完好。

（51）车站检查发现铁路进站乘车旅客携带枪支、弹药类、爆炸物品类，有毒、放射、腐蚀、传染类和国家明令禁止携带的管制刀具等禁止性物品时，应立即通知_____，由公安机关依法进行处置。

（52）对查获的鞭炮、发令纸、摔炮、拉炮等易爆物品应立即采取_____处理。

（53）车站要根据实际情况，合理设置安检查获物品的存放场所。存放场所设置灭火器等消防设备，保持_____、干燥。要分架存放、摆放整齐、堆码牢固。

（54）不同性质、性质相抵触的或者灭火方法不同的查获物品，不得_____或同隔间存放。对存放的禁限物品，要最大限度减少存放时间，及时联系有资质和能力的单位依规处理，切实减少安全隐患。

（55）旅客进出站_____，站内无闲杂人员。进出站、便捷换乘通道流线清晰。及时清理站台，防止_____在站台逗留。

（56）站台两端设置防护栅栏并有"_____"或"旅客止步"标志。设有站台防入侵报警装置的车站应做好设备的用、管、修工作。

（57）疏散通道、紧急出口、_____等有专人管理，无堵塞。

（58）加强天桥地道出入口、_____、站台狭窄处、_____、曲线区段站台车厢连接处空挡和站台与车底之间缝隙等关键部位旅客伤害防控，避免发生旅客挤压踩踏、抓车扒车、站台坠落等情况发生。

（59）进入站台的作业车辆及移动小机具、小推车等应在站台指定位置与列车平行停放，采取常态_____措施。

（60）站台作业时每台机具必须按照一人一机具配置操作人员；行驶或移动时，不与本站台的列车同时_____，不影响旅客_____，不堵塞通道，不侵入安全线，速度不超过_____km/h。严禁非作业车辆进入站台。

（61）车站应建立并落实消防培训、演练制度。新员工上岗前必须进行有关消防安全、消防常识的教育培训，经考试合格后方可上岗；加强日常培训演练，定期对职工进行消防安全培训。落实_____制度。

（62）落实消防器材、设施管理制度。消防器材、设施应清洁整齐、摆放醒目、状态良好，_____、铅封或封带保持完好。

（63）消防器材、设施附近严禁堆放其他物品，保持取用方便，定期进行养护和_____。

（64）电气设备、线路必须有国家有关电气_____标准，并由持有资格证的专业人员负责安装、维修。

（65）票据库物品属_____类，易燃烧，任何人员不得乱接乱拉电线，不得随意向线路接入电器设备。

（66）票据库内禁止_____和使用_____，禁止使用大功率电器，不得堆放其他可燃物品。

（67）行包仓库属于重点防火部位，_____与电气设备要做到有效隔离，严格做到安全用电，不使用大功率电器，不乱接乱拉电线，不乱动仓库用电设备。

（68）行包仓库内严禁烟火，货物间留有安全间隔、通道；通道、出入口、消防器材设备地点严禁_____货物。

（69）候车室作为人员聚集场所，要重点加强防火控制，严禁_____危险物品进入，严禁堆放_____于室内及周边，做到及时清除垃圾，保持安全疏散通道畅通。

（70）候车室、集散厅、售票厅、旅客通道内应设应急照明灯和_____标志，疏散通道应保持畅通。

（71）安全制度健全有效，安全_____职责明确，能满足安全_____

7

需要。

（72）列车员严禁打开_____面车门上下车。

（73）列车员在冬季应及时清扫风挡、_____、车梯上的冰雪；严禁用水冲刷风挡、地板和电器设备。

（74）列车员在车门和通过台处作业时，做到手不扶风挡、门边，脚不站连接处。

（75）列车员停站立岗时，应_____旅客放行方向立岗；普速旅客列车在高站台时不得_____车厢连接处立岗；停靠低站台，上下车时，必须紧握扶手，严禁飞乘飞降。

（76）旅客乘降期间，列车员应在指定位置立岗、组织引导旅客有序乘降，做好安全宣传，帮扶_____。遇站台与车门高差、间隙较大时，应强化安全宣传、安全提示工作，做好乘降组织工作。

（77）旅客乘降期间，列车员应在车门处立岗组织旅客乘降，做好_____，帮扶重点旅客。及时清扫风挡、车梯、脚踏板上的积冰积水，避免旅客滑倒摔伤。

（78）列车停靠高站台乘降作业时，站停时间超过_____min时，车门口与站台间应使用安全踏板，组织乘降的车门与相邻车厢间空挡处设置_____。列车停靠低站台乘降作业时，必须打开并卡牢翻板。

（79）列车到站停稳后，列车员应确认所在车厢是否停靠站台，如发现未正常停靠站台（普速线路受站台长度限制不能停靠站台等正常乘降组织情况除外）时，严禁_____，立即报告列车长，并加强车门看护。

（80）动车组空调失效得到打开车门限速运行命令，列车长组织列车员在列车停车状态安装防护网后方可打开非会车侧车门，并安排专人值守。

（81）车门故障无法自动开启时，手动开启车门，并通知随车机械师处理；无法关闭时，由专人看守并通知随车机械师处理。使用车门紧急解锁拉手后，及时_____。

（82）落实停开、_____、锁，出站台检查瞭望。列车首尾载客车厢内端门运行中锁闭，在内端门设置"旅客止步"标志。

（83）机后第一辆载客车厢前端车门或尾部载客车厢后端车门不得作为_____车门。

（84）严禁打开_____车门组织旅客乘降，严禁在不办理乘降的车站（包括区间停车）下车，严禁列车运行中_____车门。

（85）列车到站停车组织乘降时，列车员在车门口值守，低站台乘降时打开_____。

（86）开车铃响完毕、确认无旅客乘降后，上车清除车门口障碍，放下踏板，做好关门准备（若为塞拉门，应关闭车门），密切注意车门口旅客和站台人员动态，防止出现人员抢上抢下，列车起动迅速_____车门。

（87）列车驶出站台后列车员应对值乘岗位负责的各车门_____情况进行检查。

（88）列车运行中，列车工作人员发现车门开启（含旅客报告）时，由发现者立

8

即锁闭车门，并向_____通报情况，"三乘"对车门状态进行确认。

（89）接车门开启通知，列车长指派就近_____锁闭，"三乘"对车门状态进行确认，如现场确认车门无法正常关闭的，列车长、车辆乘务员分别向所在地客运调度、车辆调度汇报，在前方站_____处理，其间由列车长指派工作人员做好防护。

（90）如遇车门口有人员难以疏散，扒车，坠落等严重危及_____、行车安全的情况时，列车上首先到达车门现场的工作人员应迅速果断使用紧急制动阀停车。

（91）列车运行途中遇临时停车时，乘务组工作人员做好宣传，加强巡视，确保车门锁闭，严禁旅客_____，未经列车长统一组织不准开启车门。

（92）列车内发现易燃易爆危险物品时，乘务组工作人员及时组织妥善处理；对判明不了性质的物品，严禁在车上进行_____。对烟花爆竹、火药、发令纸、摔炮、拉炮等易爆物品等须用水_____。

（93）列车上严禁乱拉电线和违章安装、更换电气装置、元件。严禁擅自使用_____等电器。

（94）餐车配备的冰箱、电烤箱、微波炉、电磁炉等电器及各车厢的电茶炉插座、插头安装牢固，保持清洁，周围不得放置杂物。使用电气化厨房餐饮炉具时，操作人员不得离岗，做到_____。

（95）动车组全列禁止_____，发现吸烟行为及时劝阻，并由公安机关依法查处。

（96）动车组列车终到后，由列车长、机械师、乘警对全列进行检查，确认设备状态正常，无遗留_____和闲杂人员。

（97）发生_____报警时，随车机械师、列车长和乘警根据司机通知立即到报警车厢查实确认，查看指定车厢的客室、卫生间。

（98）普速旅客列车电气化餐车电炸锅内油面应高于1/4油锅深度，最高油面高度不超过油位警告标志，油温设定值严禁超过_____℃。禁止在列车运行途中炼油；禁止向灶内加食油或其他任何_____；电气灶具必须在供餐后关断电源。

（99）邮政车、行李车货仓应留有安全通道，宽度不小于_____m，不得堵塞端门、边门，货物堆码不得超高；邮政车、行李车严禁使用明火或电炉烧水做饭。

（100）做好餐车日常清扫保洁工作，做到内外环境卫生整洁，物品干净整齐，病媒生物密度达标。餐具必须洗净消毒，未经洗净消毒的餐具不得供旅客使用。餐饮具、食品应_____存放，食品应生熟隔离，避免生熟混放、混用。

（101）餐车要加强餐料管理，清除食物残渣，禁止餐厨垃圾等废弃物入车库。餐车垃圾污染物应_____存放，使用专用"餐厨垃圾袋"收集，防止食品污染。

（102）冰箱等冷藏（冻）设施应有区分标识，冷藏冷冻食品分类码放，冰箱内植物性食品、动物性食品和水产品按照"_____"的原则分开摆放，剩余熟食品冷藏保存放置在成品或熟食冰箱内，食品不得堆积、挤压存放。

（103）商品售卖前应进行感官检查，对感官异常的一律不得销售，做到"_____"：看食品有无结块、霉变、包装涨袋、漏气等现象。

9

任务二：通过线上学习软件完成安全知识测验。

任务三：谈一谈在今后的工作中如果不注意安全会有什么后果？

5. 任务评价

序号	考核内容	权重/%	考核评价			
			个人评价	小组评价	教师评价	得分
1	安全知识填空	30				
2	小组互问三十题	30				
3	学习软件考核成绩	20				
4	学习态度及完成作业情况	20				
项目得分统计						

注：表格中的考核评价可根据任务形式不同进行不同角色的成绩评定。

学习笔记	

项目2　售票员技能训练及常见问题处理

学习情境 2.1　手工售票

学院		专业		姓名	
组长		小组成员			

知识目标

（1）熟练掌握铁路车票发售的相关规定。

（2）熟练掌握减价优惠票发售的相关规定。

能力目标

（1）熟悉售票作业流程。

（2）准确把握减价优惠票的适用人群，并正确计算各类减价优惠票。

素质目标

（1）形成严谨认真的工作态度。

（2）养成助人为乐的职业精神，树立"人民铁路为人民"的职业观。

1. 任务内容

绘制铁路客运运价接算站示意图；查询铁路客运运价里程表及旅客票价表；计算车票票价及各类减价优惠票。

2. 任务指导

1）手工售成人票

（1）确定车票的发售范围。依据成人旅客需求，按照车票的客票、加快票、空调票、卧铺票的发售规定确定成人车票所包含的票种。

（2）确定车票的到站、日期、车次、座别、张数、经由。

（3）确定出发站至到站的运价里程。查找里程的工具包括：铁路旅客运价里程表和铁路客运运价接算站示意图，根据其各自的使用方法，以及由旅客列车时刻表查得的经由确定里程。

（4）计算车票票价。

（5）填制成人代用票。

2）手工售儿童票

（1）确定儿童票的发售范围。

（2）依据成人车票信息确定儿童票到站、日期、车次、座别、张数、经由。

（3）确定出发站至到站的运价里程。

（4）计算车票票价。根据所乘列车的种类、座别、人数，依据使用铁路旅客票价表查找票价的方法，确定优惠范围内的单一票种全价票价，按客票和附加票的50%计算，免费乘车或持儿童票乘车的儿童单独使用卧铺时，应补收票价差额。

（5）填制代用票。

3）手工售伤残军人票

（1）确定伤残军人半价票的发售范围。凭伤残警察证和伤残军人证，按照车票的发售规定，享受半价客票、半价附加票。

（2）确定车票的到站、日期、车次、座别、张数、经由。

（3）确定发站至到站的运价里程。

（4）计算车票票价。根据所乘列车的种类、座别，查铁路旅客票价表，先查得全价票，按客票和附加票的50%计算伤残军人票票价。

（5）填制代用票。

3. 任务准备

（1）准备物品：铁路客运运价接算站示意图、铁路客运运价里程表、铁路旅客票价表、铁路旅客运输规程、A4纸、红色和黑色笔各一支。

（2）知识点归纳。

① 普速旅客列车车票由＿＿＿＿＿＿（硬座、软座）和＿＿＿＿＿＿（加快、空调、卧铺）分票种构成。

② 旅客购买加快票必须有＿＿＿＿＿＿客票。发售加快票的到站，必须是所乘快车

项目 2　售票员技能训练及常见问题处理

或特别快车的停车站。发售需要中转换车的加快票的中转站还必须是有同等级快车始发的车站。

③ 旅客购买卧铺票时，卧铺票的到站、座别必须与客票的到站、座别_____，但对持通票的旅客，卧铺票只发售到中转站。

④ 旅客乘坐提供空调的列车时，应购买相应等级的_____或_____。旅客在全部旅途中分别乘坐空调车和普通车时，可发售全程普通（非空调）硬座车票，对乘坐空调车区段另行核收空调车与普通车的票价差额。发售普速旅客列车车票时，按照旅客要求购买的列车等级及席位种别进行客票与附加票不同组合的联合发售。

4. 任务实施

任务一：填写儿童票的相关规定，小组成员互问互答。

（1）儿童票。

除需要乘坐旅客列车通勤上学的学生和铁路运输企业同意在旅途中监护的儿童外，未满 14 周岁的儿童应当随同_____旅客旅行。

随同成年人旅客乘车的儿童，年满_____周岁且未满_____周岁的应当购买儿童优惠票；年满_____周岁，应当购买全价票。每一名持票成年人旅客可免费携带一名未满_____周岁且不单独占用席位的儿童乘车，超过一名时，超过人数应当购买儿童优惠票。儿童年龄按乘车日期计算。旅客携带免费乘车儿童时，应当在购票时向铁路运输企业提前申明，购票申明时使用的免费乘车儿童有效身份证件为其乘车凭证。免费乘车的儿童单独使用席位时应购买儿童优惠票。儿童优惠票的乘车日期、车次及席别应与同行成年人所持车票相同，到站不得_____成年人车票的到站。

（2）学生票。

在全日制高等学校（含国务院教育行政部门、省级人民政府审批设置的实施高等学历教育的民办学校），承担研究生教育任务的科学研究机构，军事院校，普通中、小学和中等职业学校（含有实施学历教育资格的公办及民办中等专业学校、职业高中、技工学校），国务院或国务院宗教事务局批准的正式宗教院校就读的学生、研究生，家庭居住地和学校所在地_____时，凭附有标注减价优惠区间和火车票学生优惠卡的_____（中、小学生凭加盖学校公章的书面证明），优惠区间应加盖院校公章，每学年可购买家庭居住地至院校（实习地点）所在地之间_____次单程的学生优惠票。新生凭录取通知书、毕业生凭盖有院校公章的学校书面证明当年可购买_____次学生优惠票。学生优惠票限于使用普通旅客列车_____、和动车组列车二等座。

学生每学年乘车前应通过网络渠道或到车站指定售票窗口（或自动售票机）办理一次本人居民身份证件与火车票学生优惠卡的优惠资质核验手续。未办理或未通过优惠资质核验购买学生优惠票乘车时，列车应先办理补收票价差额手续，开具客运记录。旅客到站后可凭车上补票、学生证和购票时所使用的有效身份证件（列车如开具纸质客运记录，还应携带纸质客运记录），30 日以内到车站售票窗口办理资质核验和退票手续。车站核实学生所购学生优惠票符合有关规定后，为其办理资质核验，扣减学生火车票优惠卡次数，退还车上补票票款，不收退票费。

华侨学生和港澳台学生可购买学校所在地车站至口岸城市车站间的学生优惠票。铁路运输企业另有规定的除外。

铁路客运组织实训工单

火车票学生优惠卡内需载明学生姓名、有效身份证件号码、优惠乘车区间、入学日期、优惠乘车次数等信息。应有而没有"火车票_____""火车票学生优惠卡"所载信息不全、不能识别或者与学生证记载不一致的,不发售学生优惠票。

学生证的减价优惠区间更改时,应重新加盖院校公章,并修改火车票学生优惠卡内相关信息。

学生优惠票按_____发售。在减价优惠区间内购买联程车票时,扣减一次优惠乘车次数。超过减价优惠区间的,不发售学生优惠票。

优惠乘车次数按_____使用有效,当前学年不能使用下一学年的次数,当前学年未使用的不能留作下学年使用。

(3)残疾军人票。

持中华人民共和国_____、中华人民共和国伤_____、国家综合性消防救援队伍残疾人员证的人员凭证可以购买优待票。

任务二：分析下列情景如何办理。

(1)某年3月7日,石家庄站一旅客携带4岁和9岁儿童各一名,要求购买当日1625次(银川经太原、石家庄至郑州)的两张硬卧车票到郑州,3车6号中、下有票额,如何办理?(写出办理依据并完成图2-1的填制)

石家庄—郑州 408 km

办理依据：

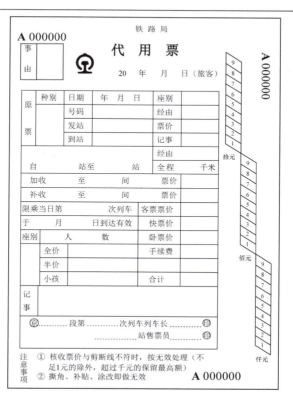

图 2-1　代用票 1

16

项目 2　售票员技能训练及常见问题处理

（2）2023 年 7 月 2 日，一学生持大连至沈阳的学生优待证要求购买当日 T261 次（大连—哈尔滨，空调特快）大连至哈尔滨的硬座客特快学生票，大连站如何发售？（写出办理依据并完成图 2-2 的填制）

办理依据：

图 2-2　代用票 2

（3）2023 年 6 月 20 日，一名旅客持"残疾军人证"在郑州站售票窗口购买 K126 次列车（西安—天津，经由郑州、商丘、霸州，新空调列车）的软卧车票到天津，其中 10 车厢 3 号有票额，如何办理？（写出办理依据并完成图 2-3 的填制）

郑州—天津运价里程 875 km

办理依据：

17

铁路客运组织实训工单

A 000000

铁 路 局

代 用 票

事由 [ ]

🚂

20 年 月 日（旅客）

原票	种别	日期	年 月 日	座别	
		号码		经由	
		发站		票价	
		到站		记事	

			经由	
自 站至 站			全程 千米	

加收	至	间	票价	
补收	至	间	票价	

限乘当日第 次列车	客票票价	
于 月 日到达有效	快票价	
座别 人 数	卧票价	
	全价		手续费	
	半价			
	小孩		合计	

记事	

🚉 .... 段第 .... 次列车列车长 .... 印

.... 站售票员 .... 印

注意事项
① 核收票价与剪断线不符时，按无效处理（不足1元的除外，超过千元的保留最高额）
② 撕角、补贴、涂改即做无效

A 000000

A 000000

9 8 7 6 5 4 3 2 1 拾元

9 8 7 6 5 4 3 2 1 佰元

9 8 7 6 5 4 3 2 1 仟元

图 2-3 代用票 3

项目 2　售票员技能训练及常见问题处理

5. 任务评价

序号	考核内容	权重/%	考核评价			
			个人评价	小组评价	教师评价	得分
1	减价票知识填空与问答	20				
2	儿童票的办理	20				
3	学生票的办理	20				
4	残疾军人票的办理	20				
5	学习态度及完成作业情况	20				
项目得分统计						

注：表格中的考核评价可根据任务形式不同进行不同角色的成绩评定。

学习笔记

学习情境 2.2 手工退票

学院		专业		姓名	
组长		小组成员			

知识目标

（1）熟练掌握正常情况下旅客责任退票和铁路责任退票的相关规定。

（2）掌握非正常情况下退票的相关规定。

能力目标

（1）熟悉铁路售票员岗位退票作业标准。

（2）准确判断退票责任，并准确计算退票费，依规办理退票。

素质目标

（1）具有敏锐的判断力，培养在工作中勇于担当的工作态度。

（2）树立迎难而上敢于解决问题的工匠精神。

1. 任务内容

计算退票费。

2. 任务指导

1）旅客要求退票

（1）发站旅客原因退票。

① 列车开车前，判定是否符合退票规定。

② 退票时，退还应退票款。

③ 根据退票时间，核收退票费。

④ 将退票费报销凭证或人工填写的退票费报销凭证交还旅客，填写退票报告。

（2）中途站旅客原因退票。

退票时，可退还已收票价与已乘区段票价的差额。已乘区段不足起码里程时，按起码里程计算；同行人同样办理。

核收20%退票费。

2）承运人责任退票

（1）发站铁路原因退票。

退还全部票价，不收退票费。

（2）中途站铁路原因退票。

核算费用时，应退还已收票价与已乘区间票价差额，已乘区间不足起码里程时，退还全部票价。

（3）到站铁路原因退票。

退票时，凭原票和客运记录退还已收票价与已使用部分票价差额。未使用部分不足起码里程时，按起码里程计价退还。

3）特殊情况退票

线路中断退票规定如下。

（1）发站退票，退还全部票价，不收退票费。

（2）因铁路责任中途站退票，退还已收与已乘区间票价差额，已乘区间不足起码里程退还全部票价，不收退票费。

（3）非铁路责任造成中途退票，退还已收与已乘区间票价差额，已乘区间不足起码里程时，按起码里程计算，不收退票费。

提示：退票费的单位处理。

尾数以5角为单位，尾数小于2.5角（不含）的舍去，2.5角（含）以上且小于7.5角（不含）的计为5角，7.5角（含）以上的进为1元，最低按2元核收。

3. 任务准备

（1）准备物品：铁路客运运价接算站示意图、铁路旅客运价里程表、铁路旅客票价表、铁路旅客运输规程、计算器。

（2）知识点归纳。

① 团体旅客退票必须在开车_____h 以前办理。

② 退票费按如下梯次标准核收：距票面乘车站开车前_____天以上的不收退票费；开车前_____h 以上，不足 8 天的，按票面价格 5%计；开车前_____h 以上，不足 48 h 的，按票面价格 10%计；开车前不足_____h 的，按票面价格 20%计。

③ 退票费计算的尾数以_____角为单位，尾数小于 2.5 角（不含）的舍去，2.5 角（含）以上且小于 7.5 角（不含）的计为_____角，7.5 角（含）以上的进为_____元。

4. 任务实施

任务一：填写退票相关规定，小组成员互问互答。

（1）旅客要求退票时，按下列规定办理，核收退票费。

① 在票面载明的日期、车次_____到车站或通过 12306 网站办理退票，退还全部票价。特殊情况经购票地车站或票面乘车站站长同意的，可在开车后 2 h 内办理退票。团体旅客必须在开车_____h 以前办理退票。

② 旅客使用现金方式购买或已打印报销凭证的铁路电子客票，可通过 12306 网站先行办理退票，自网上办理退票成功之日起_____天（含当日），凭乘车人身份证原件到铁路车站指定窗口办理退款手续。

③ 旅客开始旅行后不能退票。如因_____不能继续旅行时，经站车证实，可在下车站下车后办理退票，可退还已收票价与已乘区间票价差额。同行人同样办理。

④ 开车后改签的车票_____。

⑤ 站台票售出_____。

⑥ 应退票款按_____退还。

⑦ 已打印报销凭证的铁路电子客票办理退票手续时，须_____。

⑧ 退票费按如下梯次标准核收：距票面乘车站开车前_____天以上的不收退票费；开车前_____h 以上，不足_____天的，按票面价格 5%计；开车前_____h 以上、不足_____h 的，按票面价格 10%计；开车前不足_____h 的，按票面价格 20%计。

⑨ 距票面乘车站开车前 48 h 以上、不足 8 天的车票，改签或变更到站至开车前 8 天以上的列车，又在距开车前 8 天以上退票的，核收_____%的退票费。改签后的车票乘车日期在春运期间的，退票时一律按开车时间前不足_____h 标准核收退票费。

⑩ 退票费最低按_____元计收。当车票票面价格不足 2 元时按票面价格计收。

⑪ 旅客变更乘车日期、车次、席位、到站等产生票价差额，需退还或补收时，票价差额按"应收－已收"原则计算。当变更后的票价高于原票价时，应_____票价差额；低于原票价时，应_____票价差额，并按梯次标准核收退票费。

⑫ 在车站售票窗口办理退票时，乘车人本人办理的，需提供购票时所使用的本人_____原件（若为纸质车票，还需提供纸质车票），没有有效身份证件时需提供发证机构办理的_____。代乘车人办理的，需提供购票时所使用的乘车人有效身份证件原件（若为纸质车票，还需提供纸质车票）。

23

铁路客运组织实训工单

（2）因承运人责任致使旅客退票时，按下列规定办理，不收退票费。

① 在发站，退还全部票价。在中途站退还已收票价与已乘区间_____，已乘区间不足起码里程时，退还_____。在到站，退还已收票价与已使用部分区间_____。未使用部分不足起码里程按_____计算。

② 普速空调列车因空调设备故障在运行过程中不能修复时，应退还未使用区间的_____。

③ 因列车停运，自列车停运命令下达之时起至票面乘车日期后_____日内（含当日），旅客可办理停运列车车票退票。

（3）列车晚点退票。

① 因列车晚点开车导致旅客取消旅行时，可在列车实际开车前，到票面发站售票窗口办理退票，_____退票费，特殊情况经票面发站站长同意，可在实际开车后_____ h 内办理。因列车晚点导致旅客已购后续列车车票退票时，可在票面发站售票窗口与晚点列车车票一并办理退票，均_____退票费。旅客因列车晚点到达，导致无法乘坐后续列车时，可凭晚点到达列车车票于到达后去到站售票窗口办理后续列车车票退票手续，_____退票费。

② 发生线路中断旅客要求退票时，在发站（包括中断运输站返回发站的）退还_____，其中包括在列车上补购的车票，但加收票款、手续费，携带品超重、超大补收的费用_____。已使用至到站的车票_____。在停止运行站或返回中途站退票时，退还已收票价与发站至停止旅行站的票价差额，不足起码里程按_____计算。

任务二：分析下列情景应如何处理。

（1）发站旅客原因退票。

2022 年 9 月 19 日，石家庄站，一旅客持 1955 次（北京西—汉口）空调硬座客快卧联合票两张，石家庄—漯河车票，票号 A123456，A123457，票价分别为 124.0 元（上铺）、133.0 元（下铺），因事要求退票，石家庄站应如何办理？

办理依据及计算过程：

24

项目 2　售票员技能训练及常见问题处理

（2）承运人责任退票。

2022 年 11 月 2 日，T253 次（天津—广州）空调列车运行到石家庄站，4 号硬卧车厢因燃轴需要甩下，一旅客持当日天津—漯河的空调硬座特快卧（下）车票（票号 A102356，票价 230.0 元）和 T253 次列车长编制的 04 号客运记录，在石家庄站要求退票，石家庄站应如何办理？（天津—石家庄 423 km）

办理依据及计算过程：

（3）承运人责任退票。

2022 年 9 月 19 日，在石家庄站，一旅客持 9 月 18 日广州—石家庄的空调软座特快卧（下）车票，票号 A323999，票价 711.0 元，以及 T254 次空调列车列车长编制的 06 号客运记录，注明该旅客所乘软卧车厢因故障中途甩下，自郴州站开始改乘硬卧（下）至到站，旅客要求退还软卧票价，石家庄站应如何处理？（广州—石家庄 2 022 km；广州—郴州 374 km）

办理依据及计算过程：

25

5. 任务评价

序号	考核内容	权重/%	考核评价			
			个人评价	小组评价	教师评价	得分
1	退票知识填空与问答	20				
2	旅客责任退票	20				
3	中途站铁路责任退票	20				
4	到站铁路责任退票	20				
5	学习态度及完成作业情况	20				
项目得分统计						

注：表格中的考核评价可根据任务形式不同进行不同角色的成绩评定。

学习笔记	

学习情境 2.3　手工改签

学院		专业		姓名	
组长		小组成员			

知识目标

（1）熟练掌握不同时间车票改签的范围。

（2）熟练掌握改签不同票价车票的退补费用计算方法。

能力目标

（1）熟悉铁路售票员岗位改签作业标准。

（2）准确判断车票改签范围，并准确计算改签退票费，依规办理改签。

素质目标

（1）培养敏锐的判断力，提高服务质量。

（2）树立服务意识，在工作中高标准要求自己。

1. 任务内容

判断改签范围，计算改签退票费。

2. 任务指导

1）旅客原因引起的运输合同变更

（1）履行前变更。

旅客因旅行计划改变可变更乘车日期、车次、席位及到站等运输合同内容，但需在铁路有能力的情况下予以办理。

① 改签条件。

a）在车票预售期内且有运输能力的前提下办理改签。

b）实名制车票在车站办理改签时，乘车人须出示本人有效身份证件原件。已打印报销凭证的铁路电子客票办理改签手续时，须收回报销凭证。

c）开车后改签的车票，不办理退票。

d）办理改签不收取手续费。

② 改签票价处理。

旅客在车站办理改签时，改签后的票价高于原票价时，核收票价差额；改签后的票价低于原票价时，退还票价差额，核收退票费。

③ 变更到站。

旅客购票后，可根据行程变化，重新选择新的目的地，在车票预售期内变更到站及乘车日期、车次、席位，但不能变更发站（同城车站除外）。

（2）履行中途变更。

① 变更等级、席别。

旅客办理中转签证（通票途中中转换乘）或在列车上办理补签、变更席（铺）位时，签证或变更后的车次、席（铺）位票价高于原票价时，核收票价差额；签证或变更后的车次、席（铺）位票价低于原票价时，票价差额部分不予退还。

② 越站。

核收越站区间的票价和手续费。同时发生席位变更和越站时，先办理越站再办理席位变更手续。

③ 变径。

办理变径时，原票价低于变径后的票价时，应补收新旧径路里程票价差额，核收手续费；原票价高于或等于变更后的径路票价时，持原票乘车有效，差额部分（包括列车等级不符的差额）不予退还。

④ 分乘。

两名以上旅客共持一张代用票要求办理分票手续时，站车应予以办理。办理时按分票的张数核收手续费。

⑤ 多种变更同时发生时的处理。

在旅客运输过程中，几种变更情况有可能同时发生，一般先办理越站，然后再办理其他变更，核收手续费时按最高标准核收一次手续费。

2）承运人原因引起的运输合同变更

因承运人原因，旅客不能按票面记载的日期、车次，席位乘车时，站车应重新妥善安排。重新安排的票价高于原票时，票价差额不予补收；低于原票时，车站应按原支付方式退还票价差额，不收退票费。

3）线路中断引起的运输合同变更

线路中断造成列车不能继续运行时，列车长应迅速了解停运的原因，组织列车工作人员维持车内秩序，做好饮食供应等服务工作。

列车停止运行，停止运行站或被阻列车应在车票背面注明"日期、原因、返回××站"字样或同样内容的小条，加盖站名或列车长名章，作为旅客免费返回发站或在中途站办理退票或改签的凭证。

承运人组织已购票的被阻旅客乘原列车绕道运输时持原票有效。发生线路中断，旅客要求退票时，在发站（包括中断运输站返回发站的）退还全部票价，在中途站退还已收票价与已乘区间票价差额，不收退票费，但因违章加收的部分和已使用至到站的车票不退。如线路中断系承运人责任时，按因承运人原因的合同变更有关规定处理。

4）特殊情况的处理（误售误购、误乘误降的处理）

在人工售票情况下，由于站名相似、口音不同等原因，发生误购时，车站和列车必须正确处理，使旅客能安全迅速到达旅行目的地。

（1）发生车票误售误购时，在发站应换发新票。在中途站或列车内补收或退差均不收取手续费或退票费。

（2）发生误乘、误降或坐过站时，列车长应编制客运记录交前方停车站，车站应在车票背面注明"误乘""误降"或"坐过站"并加盖站名戳，指定最近列车免费送回。

（3）在免费送回区间，旅客不得中途下车。如中途下车，对往返乘车的免费区间，按返程所乘列车等级分别核收往返区间的票价，核收手续费。

3. 任务准备

（1）准备物品：铁路客运运价接算站示意图、铁路旅客运价里程表、铁路旅客票价表、铁路旅客运输规程、计算器。

（2）知识点归纳。

① 改签时间：开车前_____h（不含）以上，可改签预售期内的其他列车。开车前_____h以内，可改签开车前的其他列车，也可改签开车后至票面日期当日24:00之间的其他列车，不办理票面日期次日及以后的改签。开车之后，旅客仍可改签票面当日其他列车。

② 团体旅客改签不应晚于开车前_____h。

③ "变更到站"只办理一次。已经办理"变更到站"的车票，不再办理_____。对已改签车票、团体票及通票暂不提供此项服务。

④ 两名以上旅客共持一张代用票要求办理分票手续时，站车应予以办理。办理时按分票的_____核收手续费。

4. 任务实施

任务一：填写改签的相关规定，小组成员互问互答。

（1）旅客原因引起的运输合同变更（履行前变更）。

① 旅客因旅行计划改变可变更乘车_____、_____、_____及到站等运输合同内容，但需在铁路有能力的情况下予以办理。铁路运输企业将此类运输合同变更手续，称为_____和_____。为避免造成社会公共资源浪费，减少对铁路正常运输的影响，车票只能办理_____次改签或变更到站。

② 改签时间：开车前 48 h（不含）以上，可改签_____的其他列车。开车前 48 h 以内，可改签_____的其他列车，也可改签开车后至票面日期当日_____之间的其他列车，不办理票面日期次日及以后的改签。开车之后，旅客仍可改签票面_____其他列车。团体旅客改签不应晚于开车前_____h。

③ 改签条件：在车票_____期内且有运输能力的前提下办理改签。实名制车票在车站办理改签时，乘车人须出示本人_____原件。在 12306 网站注册且通过铁路 12306 手机客户端完成人脸身份核验的旅客，也可通过_____网站办理其他人使用电子支付方式通过车站售票窗口、自动售票机、铁路代售点和 12306 网站为其购买的铁路电子客票的改签手续。已打印报销凭证的铁路电子客票办理改签手续时，须收回_____。开车后改签的车票，不办理_____。办理改签不收取_____。

④ 改签票价处理：旅客在车站办理改签时，改签后的车次、席位票价_____原票价时，核收票价差额；改签后的车次票价_____原票价时，退还票价差额，核收退票费。支付或退还票价差额时，使用_____。原车票使用电子支付方式购买的，原车票票价低于改签后车票票价时，票款在电子支付方式规定时间退回原购票时所使用的电子支付账户，旅客应使用电子支付方式购买新车票；原车票票价高于改签后车票票价时，应退票价差额直接退回原购票时所使用的电子支付账户。

⑤ 变更到站：旅客购票后，可根据行程变化，重新选择新的目的地，在车票预售期内变更到站及乘车日期、车次、席位，但不能变更_____（同城车站除外）。变更到站的条件如下：在原车票开车前_____h 以上，旅客可任意选择有余票的列车。办理"变更到站"不收取_____。"变更到站"只办理一次。已经办理"变更到站"的车票，不再办理_____。车站收回原车票，换发新车票，并在新车票票面注明"_____"字样。办理变更到站时，新车票票价高于原车票的，_____；新车票票价低于原车票的，_____，对差额部分核收退票费并执行现行退票费标准。

（2）旅客原因引起的运输合同变更（履行中途变更）。

① 变更等级、席别：旅客办理中转签证（通票途中中转换乘）或在列车上办理补签、变更席（铺）位时，签证或变更后的车次、席（铺）位票价高于原票价时，_____；签证或变更后的车次、席（铺）位票价低于原票价时，票价差额部分_____。

② 越站：旅客在车票_____前要求越过到站继续乘车时，在有运输能力的情况下列车应予以办理。核收越站区间的票价和_____。同时发生席位变更和越站时，先办理_____再办理_____手续。

③ 变径：持通票的旅客在中转站和列车上要求变更径路时，必须在通票有效

期能够到达到站时方可办理。办理时，若原票价低于变径后的票价，应补收新旧_____票价差额，核收手续费；若原票价高于或等于变更后的径路票价，持原票乘车有效，差额部分（包括列车等级不符的差额）不予退还。

④ 分乘：两名以上旅客共持一张代用票要求办理_____手续时，站车应予以办理。办理时按分票的张数核收手续费。

⑤ 多种变更同时发生时的处理。

在旅客运输过程中，几种变更情况有可能同时发生，如越站同时变座，当越站与其他变更同时发生时，一般先办理_____，然后再办理其他变更，核收手续费时按最高标准核收_____次手续费。

（3）承运人原因引起的运输合同变更。

由于承运人原因使旅客不能按票面记载的日期、车次，席位乘车时，站车应_____。重新安排的票价高于原票时，票价差额_____；低于原票时，车站应按原支付方式退还票价差额，_____退票费。

（4）线路中断引起的运输合同变更。

① _____造成列车不能继续运行时，列车长应迅速了解停运的原因，组织列车工作人员维持车内秩序，做好饮食供应等服务工作。列车停止运行，停止运行站或被阻列车应在车票背面注明"日期、原因、_____"（或书写同样内容的小条）并加盖站名或列车长名章，作为旅客_____返回发站或在中途站办理退票或改签的凭证。

② 发生线路中断旅客要求退票时，在发站（包括中断运输站返回发站的）退还_____票价，在中途站退还已收票价与_____票价差额，不收退票费，但因违章加收的部分和已使用至到站的车票不退。

③ 如线路中断系_____责任时，按承运人原因引起的运输合同变更的有关规定处理。

④ 承运人组织已购票的被阻旅客乘原列车绕道运输时持_____有效。组织旅客换乘其他列车绕道运输，车站应为旅客办理_____手续。绕道运输乘坐原座别、铺别时票价不补不退，变更座别、铺别时，补收或退还差额。中途下车车票_____。

（5）特殊情况的处理（误售误购、误乘误降的处理）。

① 发生车票误售误购时，在发站应_____。在中途站或列车内应补收票价时，补收_____。应退还票价时，站车应编制客运记录交旅客，作为乘车至到站要求退还票价差额的凭证，并应以最方便的列车将旅客运送至正当到站，均不收取手续费或退票费。

② 发生误乘误降或_____时，旅客应向站车工作人员提出。列车长应编制客运记录交前方停车站。车站应在车票背面（或书写同样内容的小条）注明"误乘""误降"或"坐过站"并加盖站名戳，指定最近列车_____。如误乘旅客提出乘坐本趟列车直接去到站时，所乘列车票价高于原票价时，核收票价差额，核收手续费；所乘列车票价低于原票价时，票价差额部分不予退还。

③ 在免费送回区间，旅客不得_____。如中途下车，对往返乘车的免费区间，按_____所乘列车等级分别核收往返区间的票价，核收手续费。

31

铁路客运组织实训工单

任务二：分析下列情景应如何处理，写出办理依据并计算费用。

（1）旅客责任引起的运输合同变更。

2023年3月12日，在Z501次新空旅客列车（北京西—广州）到达石家庄站时，列车下交一急病旅客，需住院治疗，该旅客持该次列车北京西至广州的空调硬座客直快卧（下）车票办理退票手续，问石家庄站应如何处理？

运价里程：北京西 $\xrightarrow{277\text{ km}}$ 石家庄 $\xrightarrow{2\,017\text{ km}}$ 广州

（2）铁路责任引起的运输合同变更。

2023年3月12日，在Z501次新空旅客列车（北京西—广州）到达石家庄站后，一旅客持列车长编制的15号硬卧车厢因燃轴甩下的客运记录和该次列车北京西至广州的空调硬座直快卧（下）车票要求办理退票手续，问石家庄站应如何处理？

运价里程：北京西 $\xrightarrow{277\text{ km}}$ 石家庄 $\xrightarrow{2\,017\text{ km}}$ 广州

（3）越站变座的处理。

2023年6月12日，2624次新型空调旅客列车（满洲里—大连）在长春站开车后，一旅客持当日满洲里至沈阳本次列车的硬座客快车票，票号A0815656，票价158.00元，要求自长春开始使用软卧下铺并越站至大连，应如何处理？

运价里程：沈阳 $\xrightarrow{400\text{ km}}$ 大连　长春 $\xrightarrow{700\text{ km}}$ 大连

（4）误售误购的处理。

2019年3月18日，常州站组织1477次列车旅客出站时，发现一旅客持南京至常州硬座客快票（票号A082350）。经查，该旅客实际到站是沧州，由于口音不准误购至常州的车票，现欲乘1478次至正当到站（沧州站），请处理。

运价里程：南京 $\xrightarrow{138\text{ km}}$ 常州　南京 $\xrightarrow{898\text{ km}}$ 沧州

项目 2　售票员技能训练及常见问题处理

5. 任务评价

序号	考核内容	权重/%	考核评价			
			个人评价	小组评价	教师评价	得分
1	运输合同变更知识填空与问答	20				
2	旅客责任改签	20				
3	铁路责任改签	20				
4	误售误购处理	20				
5	学习态度及完成作业情况	20				
项目得分统计							

注：表格中的考核评价可根据任务形式不同进行不同角色的成绩评定。

铁路客运组织实训工单

学习笔记

学习情境 2.4 计算机售票

学院		专业		姓名	
组长		小组成员			

知识目标

（1）掌握计算机售票的标准作业流程。

（2）掌握判断购票条件的相关知识。

能力目标

（1）熟悉铁路售票系统的操作方法，并能熟练查询车票、准确制票。

（2）能够在准确制票的基础上了解铁路票务系统的其他功能。

素质目标

（1）培养实践操作能力。

（2）培养团队协作能力。

1. 任务内容

使用售票系统准确制票。

2. 任务指导

1）计算机售票作业流程

（1）开机登录售票系统。

（2）操作快捷键 Alt+S 售普通票。

① 日期录入使用 F1 键。

② 录入车次使用 F2 键。

③ 选择发站使用 F3 键。

④ 选择到站使用 F4 键。

⑤ 选择票种、张数、席位。

⑥ 如操作错误，单击取消按钮或按 Alt+E 快捷键，如正确，进行下一步。

⑦ 收款与找零。

⑧ 制票：回车或按 Alt+N 快捷键。

⑨ 录入身份证件信息。

⑩ 按 F4 键确认。

⑪ 打印消费凭条。

⑫ 关闭打印窗口：按 Alt+C 快捷键。

⑬ 将"行程信息提示"、找零款、有效身份证件、银行卡（或中铁银通卡）及银行卡消费凭条一并唱报递交给旅客，提示旅客核对。

（3）车票发售作业流程。

售票作业流程执行"一问、二输、三收、四制、五核、六交"制度。

其他售票班中作业还有：各种减价票发售、团体票发售、中铁银通卡发售、身份信息核验、乘意险发售、废票作业、结账等。

2）窗口售票的交接班工作程序

（1）交班人员操作内容。

① 确认票号。

② 清点票款。

③ 输入封款金额，退出售票系统，关闭窗口售票机电源。

④ 整理登记作废票，按规定手续交款。

⑤ 对电子售票设备进行维护和保养，整理工具、备品等。

（2）接班人员操作内容。

① 确认车票未售起始号码，认真登记。

② 清点备用金，接清窗口备品数量。

③ 检查售票设备、资料、工具、备品，签字交接。

3. 任务准备

（1）准备物品：计算机模拟售票系统。

（2）知识点归纳。

① 操作快捷键_____售普通票。

② 按 F5 键选择全、孩、学、残、军等票种，也可在文本框中直接输入票种类型简称，如输入"_____"表示全票，输入"_____"表示儿童票等，在票种文本框中输入要卖的车票数量后，回车，右边的票额文本框显示所卖的车票数据，支持按票种分类汇总。

③ 售票作业流程执行"一问、二输、三收、四制、五核、六交"制度。一问指问清旅客乘车_____、_____、发站、到站、席别票种、_____。

④ 其他售票班中作业还有：各种_____票发售、团体票发售、中铁银通卡发售、_____核验、乘意险发售、废票作业、结账等。

4. 任务实施

任务一：按标准流程练习售票，完成以下车票查询、制票作业。

（1）售××××年××月××日包头站到呼和浩特站 D6770 次列车二等座成人票两张。

（2）售××××年××月××日包头站到北京站 K264 次列车硬卧学生票一张。

（3）售××××年××月××日包头站到北京站 K574 次列车硬卧残疾军人票下铺一张。

（4）售××××年××月××日包头站到兰州站 2635 次列车硬卧下铺成人票一张并售同席儿童票一张。

任务二：扮演车站售票员，进行标准化作业演练。

2023 年 7 月 1 日，一旅客携一名儿童及一名学生，在郑州站窗口购买 2023 年 7 月 5 日郑州—北京西 K180 次硬座成人票一张，硬座儿童票一张和硬座学生票一张，优惠凭证有效，窗口售票员如何操作？

37

铁路客运组织实训工单

5. 任务评价

序号	考核内容	权重/%	考核评价			
			个人评价	小组评价	教师评价	得分
1	计算机售票知识填空与问答	20				
2	计算机售票作业流程	20				
3	窗口售票的交接班工作程序	20				
4	操作快捷键售普通票	20				
5	学习态度及完成作业情况	20				
项目得分统计						

注：表格中的考核评价可根据任务形式不同进行不同角色的成绩评定。

学习笔记

38

学习情境 2.5　计算机退票

学院		专业		姓名	
组长		小组成员			

知识目标

（1）掌握计算机退票的标准作业流程。

（2）掌握不同时段对应退票费的扣除规定。

能力目标

（1）熟练掌握铁路退票系统的操作方法。

（2）能够判断退票的种类、准确退票。

素质目标

（1）培养情绪控制、情绪调节能力，以适应各类工作环境。

（2）以实际工作场景为导向培养解决实际问题的能力。

1. 任务内容

使用退票系统准确退票。

2. 任务指导

发站正常退票操作流程如下。

（1）打开计算机进入退票系统界面。

（2）选择退票理由。

（3）输入原票信息。

（4）核对无误后，将净退款及退票手续费凭证交与旅客。

（5）填写退票报告。

3. 任务准备

（1）准备物品：计算机模拟退票系统、预制车票。

（2）知识点归纳。

退票费核收标准：

① 距票面乘车站开车前 8 天以上的不收退票费。

② 开车前 48 h 以上，不足 8 天的，按票面价格 5%计收退票费。

③ 开车前 24 h 以上、不足 48 h 的，按票面价格 10%计收退票费。

④ 开车前不足 24 h 的，按票面价格 20%计收退票费。

⑤ 退票费计算的尾数以 5 角为单位，尾数小于 2.5 角（不含）的舍去、2.5 角（含）以上且小于 7.5 角（不含）的计为 5 角、7.5 角（含）以上的进为 1 元。

4. 任务实施

任务一：按标准流程练习退票作业，完成以下车票退票作业，计算退票费。

（1）开车前 2 h 退包头站到呼和浩特站 D6770 次列车二等座成人票两张。

（2）开车前 1 天 5 h 退包头站到北京站 K264 次列车硬卧学生票一张。

（3）开车前 50 h 退包头站到北京站 K574 次列车硬卧残疾军人票下铺票一张。

（4）开车前 168 h 退包头站到兰州站 2635 次列车硬卧下铺成人票一张。

任务二：扮演车站售票员，进行标准化作业演练。

2023 年 7 月 1 日,在石家庄站一旅客持两张 7 月 3 日石家庄—漯河的 K21 次（北京西站始发，南宁站终到）空调硬座客快卧联合票（票号 A123456、A123457），票价分别为 124.00 元（上铺）、133.00（下铺），因事要求退票。石家庄站应如何办理？

任务三：写出任务二的具体操作流程。

5. 任务评价

序号	考核内容	权重/%	考核评价			
			个人评价	小组评价	教师评价	得分
1	计算机退票知识填空与问答	20				
2	计算机退票流程	20				
3	退票费计算	20				
4	退票作业规定	20				
5	学习态度及完成作业情况	20				
	项目得分统计					

注：表格中的考核评价可根据任务形式不同进行不同角色的成绩评定。

学习笔记

学习情境 2.6 计算机改签

学院		专业		姓名	
组长		小组成员			

知识目标

（1）熟练掌握计算机改签的标准作业流程。
（2）熟悉改签作业的条件。

能力目标

（1）熟悉计算机改签系统的操作方法。
（2）能够判断是否符合改签条件，能按要求正确改签。

素质目标

（1）培养解决实际问题的能力。
（2）树立"不忘初心、牢记使命"的高尚品质。

1. 任务内容

使用计算机改签界面准确改签。

2. 任务指导

1）始发改签作业流程

（1）进入售票系统，打开改签界面。

（2）扫描车票二维码或输入 21 位车票票号或识读旅客身份证。

（3）核对票面信息。

（4）输入改签新票信息，取票、收款后制发新票。

（5）制票后将新车票的行程信息提示交给旅客。

（6）有票价差额时，按多退少补的原则处理。

2）通票中转签证作业流程

（1）进入售票系统，打开改签界面。

（2）扫描车票二维码或输入 21 位车票票号或识读旅客身份证。

（3）输入签证列车信息，取票、收款后制发新票。

（4）通票中转签证随原票使用有效。

3. 任务准备

（1）准备物品：计算机模拟改签系统。

（2）知识点归纳。

① 改签时间在开车前_____h（不含）以上，可改签预售期内的其他列车。

② 开车前 48 h 以内，可改签开车前的其他列车，也可改签_____至票面日期当日_____之间的其他列车，不办理票面日期次日及以后的改签。

③ 开车之后，旅客仍可改签票面_____其他列车。

④ 团体旅客改签不应晚于开车前_____h。

4. 任务实施

任务一：按标准流程练习改签，说出作业过程需要注意什么？判断下列操作是否可行，若可行则完成改签作业，若不可行则提出可行方案。

（1）4 月 28 日 19:00 将 5 月 1 日包头站到呼和浩特站 D6770 次列车二等座成人票两张改签到 5 月 10 日 D6770 次列车。

项目2　售票员技能训练及常见问题处理

（2）4月29日21:00将5月1日包头站到北京站K264次列车硬卧学生票一张改签到4月30日G2492次列车至北京北站。

（3）4月30日22:00将5月1日包头站到北京站K574次列车硬卧残疾军人票下铺一张改签到5月2日K574次列车。

（4）5月1日18:25将5月1日包头站到兰州站2635次列车硬卧下铺成人票一张改签到5月2日2635次列车。

任务二：扮演车站售票员，进行标准化作业演练。

2023年6月19日，在包头站一旅客持两张6月22日包头到北京丰台的Z184次（临河—深圳东）空调硬座客快卧联合票（票号A123456、A123457），票价分别为184.00元（上铺）、196.00（下铺），因事要求改签到6月21日，但当天没有下铺，经与旅客商量改签两张硬卧上铺。包头站应如何办理？

任务三：写出任务二的具体操作流程。

45

铁路客运组织实训工单

5. 任务评价

序号	考核内容	权重/%	考核评价			
			个人评价	小组评价	教师评价	得分
1	计算机改签知识填空与问答	20				
2	始发改签作业流程	20				
3	通票中转签证作业流程	20				
4	改签相关规定	20				
5	学习态度及完成作业情况	20				
项目得分统计						

注：表格中的考核评价可根据任务形式不同进行不同角色的成绩评定。

学习笔记	

46

项目3　客运员技能训练及常见问题处理

学习情境 3.1　进站工作组织

学院		专业		姓名	
组长		小组成员			

知识目标

（1）掌握进站检票服务的岗位作业标准。
（2）掌握进站检票服务的技巧。
（3）了解进站安全检查的重要性。

能力目标

（1）能够做好进站检票服务。
（2）能够做好问询引导服务。
（3）能够做好进站安全检查服务。

素质目标

（1）培养良好的职业道德，精湛的业务能力。
（2）培养耐心、爱心、善心，为旅客提供优质服务。

1. 任务内容

模拟演练进站作业。

2. 任务指导

进站检票作业标准如下。

1）对岗接班

（1）接班人员接清客流变化、列车运行情况、设备、设施、备品、卫生及重点事项，做到列车正晚点清楚，设备设施作用良好，备品完整定位，卫生符合标准。

（2）对岗签字交接。

2）班中作业

（1）揭挂检票车次牌。

（2）宣传安全、卫生、旅行常识，通知检票车次、方向、发车时间、上车站台信息。

（3）检票时维持秩序，并按先重点、后团体、再一般的顺序放行。严格按规定时间检票，确保检票秩序良好。

（4）检查旅客携带品是否超重、超限，查堵危险品。

（5）检票时做到"一看、二唱、三下剪"。一看：看车票是否有效，车次、日期、到站是否相符；二唱：唱到站、中转、乘车证；三下剪：确认后加剪。检票时主动接票，准确下剪递票到手。杜绝无票进站，达到"六不放""两消灭"：携带危险品不放，携带品超重、超大不放，身份不符不放，日期、车次不符不放，儿童单独旅行不放，精神病旅客无人护送不放；消灭误检、漏检。对于使用电子客票的车次，核验票、证、人的一致性，杜绝电子客票、身份证件、人不一致的旅客检票进站。

（6）严格按照规定时间停止检票，锁闭检票口，并出示停检显示（牌）。

（7）及时清扫检票口，确保卫生。

3）班后整理

（1）进行交班卫生清扫，确保卫生符合标准。

（2）整理工具、备品，做到工具、备品定位存放，不短缺。

4）对岗交班

（1）重要事项交接清楚。

（2）按规定填写交班簿，按作业内容认真办理交接。

3. 任务准备

（1）准备物品：金属探测仪、检票机、情景道具。

（2）知识点归纳。

①"六不放""两消灭"：＿＿＿＿＿＿＿＿、＿＿＿＿＿＿＿＿＿、＿＿＿＿＿＿＿、＿＿＿＿＿＿＿＿＿、＿＿＿＿＿＿＿＿＿、＿＿＿＿＿＿＿＿＿；＿＿＿＿＿＿＿＿＿、＿＿＿＿＿＿＿＿＿＿＿。

② 检票时做到"一_____、二_____、三_____"。

③ 检票时维持秩序，并按先_____、后_____、再_____的顺序放行。

4. 任务实施

任务一：进站安检情境演练。

要求：在以下情境中任选其一进行演练。

（1）每 6 名学生一组，模拟进站安检场景作业（1 名安检员、5 名旅客，旅客携带不同包装、内装不同物质的携带品）。重点练习旅客携带品安检服务。

（2）每 6 名学生一组，模拟进站安检场景作业（1 名安检员、5 名旅客，其中 1 名旅客携带一个大旅行包过安检机检查，安检机发出警报，安检员要求旅客配合开包检查，遭到旅客拒绝，并发生争执）。重点练习旅客携带品安检服务及处理能力。

任务二：进站检票情境演练。

要求：在以下情境中任选其一进行演练。

（1）每 10 名学生一组，模拟人工进站检票场景作业（1 名客运服务人员，9 名乘客）。重点练习检票前的组织、宣传，检票中的服务及处理能力。

（2）每 10 名学生一组，模拟使用自动检票机进站检票场景作业（1 名客运服务人员，9 名乘客）。重点练习检票前的组织、宣传，检票中的服务及处理能力。

5. 任务评价

序号	考核内容	权重/%	考核评价			
			个人评价	小组评价	教师评价	得分
1	进站安检服务作业标准	20				
2	进站安检服务处理程序	20				
3	进站检票服务作业标准	20				
4	进站检票服务处理程序	20				
5	小组合作完成演练情况	20				
项目得分统计						

注：表格中的考核评价可根据任务形式不同进行不同角色的成绩评定。

学习笔记	

学习情境 3.2 乘降工作组织

学院		专业		姓名	
组长		小组成员			

知识目标

（1）掌握站台服务的岗位作业标准。
（2）掌握站台服务的技巧。
（3）掌握重点旅客服务的标准。

能力目标

（1）能够做好乘降组织工作。
（2）能够做好站台引导服务。
（3）能够做好重点旅客的站车交接服务。

素质目标

（1）培养良好的职业道德。
（2）培养良好的沟通交流能力。
（3）培养耐心、爱心、善心。

1. 任务内容

模拟演练乘降组织作业。

2. 任务指导

站台服务作业标准如下。

1）对岗接班

（1）接班人员接清客流变化、列车运行情况、设备、设施、备品、卫生、安全及重点事项，做到列车正、晚点清楚，设备设施作用良好，备品完整定位，站台无闲杂人员和无关车辆，卫生符合标准。

（2）对岗签字接班。

2）班中作业

（1）按列车预报提前到岗，检查站台和线路有无障碍物。组织旅客在站台排队等候上车。

（2）迎送列车。组织旅客站在安全线内，注意防止有人抓车、钻车、跳车和横越线路。在规定位置迎送列车，做到姿态端正，目迎目送。

（3）组织旅客有秩序乘降，确保乘降秩序良好。按规定与列车办理站车交接。

（4）加强宣传，引导旅客安全进出站，防止天桥、地道发生人员对向流动。

（5）按岗堵截，防止旅客进入线路。

（6）随时清理站台闲杂人员和无关车辆。

（7）及时清扫环境卫生，清除冰雪、积水。

3）班后整理

（1）进行交班卫生清扫，使卫生符合标准。

（2）整理工具、备品，确保定位存放，不短缺。

4）对岗交班

（1）重要事项交接清楚。

（2）按规定填写交班簿，按作业内容认真办理交接。

3. 任务准备

（1）准备物品：情景道具。

（2）知识点归纳。

① 组织旅客站在_____内，注意防止有人抓车、钻车、跳车和横越线路。

② 加强宣传，引导旅客_____，防止天桥、地道发生人员对向流动。

③ 迎接列车时，车站工作人员要足踏_____线，双目迎接列车到来。

④ 在规定位置迎送列车，做到姿态端正，目_____目_____。

4. 任务实施

任务一：站台服务情境演练（一）

要求：

每 6 名学生一组，模拟站台乘降场景作业（1 名客运员、5 名上车旅客，其中 1 名旅客刚动完手术出院，需同伴背着才能上车）。重点练习面对重点旅客，站台客运员的服务程序。

任务二：站台服务情境演练（二）

要求：

每 6 名学生一组，模拟站台乘降场景作业（1 名客运员、5 名上车旅客，其中 1 名旅客带 2 名小孩在站台候车，小孩在站台上追逐打闹）。重点练习站台客运员的服务程序。

铁路客运组织实训工单

5. 任务评价

序号	考核内容	权重/%	考核评价			
			个人评价	小组评价	教师评价	得分
1	站台服务作业标准	25				
2	突发情况处理能力	25				
3	站车交接完成情况	20				
4	小组合作完成任务情况	20				
5	学习态度及完成作业情况	10				
项目得分统计						

注：表格中的考核评价可根据任务形式不同进行不同角色的成绩评定。

学习笔记	

54

学习情境 3.3　接算站示意图绘制

学院		专业		姓名	
组长		小组成员			

知识目标

（1）掌握铁路客运运价里程接算站示意图的相关专业名词。

（2）掌握绘制铁路客运运价里程接算站示意图的方法。

（3）了解铁路客运运价里程接算站示意图的作用。

能力目标

（1）能够熟悉铁路客运运价里程接算站示意图的相关专业名词。

（2）能够绘制铁路客运运价里程接算站示意图。

素质目标

（1）培养良好的职业素养和精湛的业务能力。

（2）培养严谨的工作态度、踏实的工作作风。

1. 任务内容

绘制铁路客运运价里程接算站示意图。

2. 任务指导

接算站指由铁道部门规定、用于接续计算发到站间运价里程的车站。接算站即为了将发到站间跨及两条以上不同的线路衔接起来，进行里程加总计算票价和运价，所规定的结算衔接点。

在铁路客运运价里程接算站示意图中，接算站用红色圆圈标注，站名用黑色字体印刷，站名下部印有 1 mm 宽的黑色横线，并在该站的接续线名栏注有"接××线"字样。

3. 任务准备

（1）准备物品：红笔、黑笔、A4 纸。

（2）知识点归纳。

① 在铁路客运运价里程接算站示意图中，接算站用＿＿＿＿＿表示。

② ＿＿＿＿＿圆圈表示非接算站。

③ 站与站之间连接的＿＿＿＿＿表示铁路线。

④ 站与站之间连接的红色线表示＿＿＿＿＿，数字表示区间里程。

4. 任务实施

任务一：熟记铁路客运运价里程接算站示意图的相关专业名词。

如图 3-1 所示，站点之间用红色和黑色圆圈表示，红色圆圈表示接算站。黑色圆圈表示非接算站。站与站之间连接的黑线表示铁路线（粗的为国家铁路线，细的为窄轨线），红色的线表示折返区间，数字表示区间里程。

图 3-1 铁路客运运价里程接算站示意图图例

任务二：绘制结算站示意图。

绘制中国铁路呼和浩特局集团有限公司、中国铁路太原局集团有限公司和中国铁路北京局集团有限公司接算站示意图。铁路客运运价里程接算站示意图绘制总体要求如下。

（1）全面：抬头、图例、轮渡线、窄轨线等都不能遗漏。

（2）准确：站名正确无误，尤其注意同音字。

（3）美观：布局、比例高度模仿原图。

（4）快速：全图要求在 65 分钟内完成。

项目3 客运员技能训练及常见问题处理

5. 任务评价

序号	考核内容	权重/%	考核评价			
			个人评价	小组评价	教师评价	得分
1	接算站示意图绘制全面	20				
2	接算站示意图绘制准确	20				
3	接算站示意图绘制美观	20				
4	接算站示意图绘制快速	20				
5	学习态度及完成作业情况	20				
项目得分统计							

注：表格中的考核评价可根据任务形式不同进行不同角色的成绩评定。

学习笔记

项目4 普速旅客列车列车员技能训练及常见问题处理

学习情境 4.1 接车准备作业

学院		专业		姓名	
组长		小组成员			

知识目标

（1）熟悉普速列车接车作业标准。

（2）掌握普速列车接车作业相关技能。

能力目标

（1）能够按照普速列车接车作业流程作业。

（2）能够为旅客提供优质的服务。

素质目标

（1）培养良好的职业素养。

（2）树立"人民铁路为人民"的服务宗旨。

1. 任务内容

接车准备作业、出库整备作业。

2. 任务指导

1）出乘准备

（1）作业流程。

① 穿着规定服装、佩戴职务标志，做好仪容仪表整理工作。着装统一，仪容整洁，职务标志佩戴在左胸上方。

② 学习有关命令、指示、通知精神、业务技能，接受业务抽考，做好学习记录。

③ 听取列车长点评上趟工作及本趟重点工作安排；开展班前预想，重点针对上趟及近期违章行为进行安全预想，掌握季节性的安全注意事项。

（2）作业指导。

① 仪容整洁，着装统一，整齐规范。

② 岗位培训合格证书、职业资格证书（职业技能鉴定证书）、上岗证（工号牌）、健康证携带齐全。

2）接车作业

（1）作业流程。

① 在规定时间、地点参加列队点名，仪容仪表整洁，在库内接车时，按规定线路列队行走，从指定的车厢上车；在站台接车时，列队进站，列车进站前 10 min 到达，在站台中部位置安全线内集中列队接车，队伍前排脚尖距安全线 1.5 m，队列前后间隔 0.5 m。

② 与终到乘务员办理对口交接。签认、交接设备设施（含对讲机、车厢视频监控器）、服务备品、卧具备品、清洁备品等重点内容，出现破损、丢失、故障的服务设施、备品、卧具问题，向列车长汇报。交接手续完备，不信用交接。

③ 根据车班安排，按照车内和地面看车制度落实看车。

（2）作业指导。

① 乘务人员进出车站和客技站时走指定线路，遵守交通规则。通过线路时走天桥、人行地道，走平交道时做到"一停二看三通过"，执行"眼看、手比、口呼"的规定，不横越线路，不钻爬车底，不跨越车钩，不与运行中的机车车辆抢行。进出车站时集体列队，做到同去同归。

② 检查对讲机等电子设备的充电和工作状态。普速车记录器存储卡由班组交接使用。交接时必须检查记录器存储卡是否齐全、确认无明显物理损坏现象（储存卡折断、缺角、明显划痕）。

3）库内作业

（1）作业流程。

① 库内整备。

a）与洗衣厂、库内保洁员办理布制品、清洁工具交接。根据交接情况（备品、清扫工具和消耗品数量），向列车长汇报，在列车长的指派下到仓库请领、补齐相关工具、备品。

b）督促保洁员按出库标准作业，制止保洁员用水冲洗通过台、连接处板壁、地面。

c）进行指定包干区作业，清洁移动备品，清洁清扫工具，产生的垃圾定位放置于洗脸间地面，定位摆放备品，确保无多余物品，达到出库标准要求。

d）整理服务备品：清理洁具柜、卧具柜、乘务室、座（铺）位下，行李架等处所，确认无多余物品，净品卧具入柜（袋），垃圾袋折叠，各种备品定位整齐摆放。

e）清理车厢台账，账簿配备齐全，修改和填写及时，定位摆放。

f）普速列车必须在列车出库前将存储卡安装到记录器上，并开启记录器。

g）配合防疫部门做好"消、杀、灭"工作。

② 库内车容整备。

a）与库内保洁人员按整备出库标准逐项进行鉴定验收。

b）落放车窗，整理窗帘，对茶具进行消毒。

c）整理卧具，铺茶几台布，摆放列车服务指南、果皮盘、灌满开水的暖水瓶（配防倒架、直供电车开车且水开后灌水）、不锈钢杂物桶、衣架、拖鞋。

d）整理清扫工具、备品及业务台账资料。

e）洗脸间摆放洗手液（皂），厕所摆放芳香球、卫生纸、一次性坐便器坐垫，坐便器按规定消毒；锁闭厕所。

f）接受列车长出库整备鉴定。

g）列车出库前锁闭车门。按标准验收，达标签收。车厢卫生达标标准：窗明几净、四壁无尘、无死角、边座椅套无污迹，顶棚、洗脸盆洁净，厕所洁净无异味，通风口无灰尘、面镜光亮无尘、垃圾桶洁净、套袋定位，通过台、连接处无污迹，锅炉间、工具柜内无杂物，茶桌腿、铺位腿无污垢，门框、窗框洁净，烟灰盒无烟头、烟灰，暖气管无积灰，清扫工具干净。全程铺地毯，揭示牌干净正确；卧具完整、洁净，铺放平展，折叠摆放；开水瓶满水；茶具消毒合格。备品摆放一致；清扫工具齐全，隐蔽放置，工具柜、卧具柜加锁；资料台账完整有效，填写清楚。

③ 出库验收。

a）按出库车容标准验收，发现出库卫生保洁质量不达标的督促保洁员进行"补强"。

b）整理车容，备品齐全，定位摆放。

c）检查揭示揭挂，确保粘贴位置和内容准确，无缺失。

d）将本车厢出库整备质量情况向列车长汇报。

e）始发开车前 2.5 h 或车辆检修完毕，对本车厢客运固定服务设施进行检查并将情况向列车长汇报。

④ 出库前检查。

a）检查对讲机电量，保证电量充足。按标准要求佩戴对讲机，核对使用频道和通话质量。

b）检查车厢水箱水位，若水位未满须向列车长汇报。

c）检查集便箱容量，发现未进行清空作业，须向列车长汇报。

d）检查车厢车门的月台门安全带挂放固定情况。

e）调车出库前，清理车厢内闲杂人员，关闭门窗，锁闭厕所，停止车门口作业及登高作业，不飞乘飞降。

（2）作业指导。

① 各车门（含餐车走廊边门）的月台门安全带调车前固定到位。

② 乘务员室各种资料（作业过程登记簿、沿途给水情况记录簿、旅客去向登记簿、交接簿）、备品定位摆放，干净整齐。

3. 任务准备

（1）准备物品：列车备品、被子、床单、果壳盘、水壶。

（2）知识点归纳。

① 走平交道时做到"：_____、_____、_____。"不横越线路，不钻爬车底，不跨越车钩，不与运行中的机车车辆抢行。

② 上岗前需要携带的证件有：_____、_____、_____、_____。

③ 发现服务设施、备品、卧具破损、丢失、故障，向列车长汇报。交接手续完备，_____。

④ 调车出库前，清理车厢内闲杂人员，关闭门窗，锁闭厕所，停止车门口作业及登高作业，_____。

4. 任务实施

任务一：模拟进行出库整备作业，在规定时间内做好库内的整备作业。

任务二：归纳出库验收的标准。

5. 任务评价

序号	考核内容	权重/%	考核评价			
			个人评价	小组评价	教师评价	得分
1	床铺的整理	30				
2	被子的叠放	30				
3	备品的定位摆放	20				
4	积极参加讨论，有团队合作意识	10				
5	学习态度及完成作业情况	10				
	项目得分统计					

注：表格中的考核评价可根据任务形式不同进行不同角色的成绩评定。

铁路客运组织实训工单

学习笔记

学习情境 4.2 始发作业

学院		专业		姓名	
组长		小组成员			

知识目标

（1）熟悉普速列车始发作业标准。

（2）掌握普速列车始发作业相关技能。

能力目标

（1）能够按照普速列车始发作业流程作业。

（2）相关作业能够达到始发作业标准。

素质目标

（1）培养良好的职业素养。

（2）培养尊客爱货、热情服务的职业态度。

1. 任务内容

始发前准备作业、始发出站前作业。

2. 任务指导

1）始发前准备作业

始发前准备作业流程如下。

（1）整理仪容仪表，按要求统一着装，佩戴职务标志。

（2）进行车厢内巡视作业时，对记录器运行状态、安全情况进行目视检查。

（3）复查本车厢车容整理和备品定位摆放情况。

（4）检查水箱水位，并向列车长汇报，填写上水记录。

2）始发站站台作业

始发站站台作业流程如下。

（1）根据列车长用对讲机发出的放客通知，打开车门，做好迎接旅客上车的准备。

（2）车门立岗姿势标准，在车门口进行安全宣传，组织有序，验票验证上车，重点帮扶。

（3）开车铃响，面向列车站在安全线内，确认乘降完毕，铃停收取警示带、安全踏板后登车。

3）始发出站作业

（1）作业流程。

① 按车门管理制度要求，关闭和检查车门锁闭情况；同时检查月台门安全带固定情况。

② 清理车门口的物品，保持通道畅通，对车门口、连接处的旅客进行安全宣传。

③ 开车后硬座车厢乘务员双车（边）通报。开启厕所，定位摆放安全踏板、警示带定位摆放。

④ 拖扫通道，对走道、通过台、车门口物品予以清理，复查行李架物品摆放情况，协助旅客调整行李物品摆放位置。

⑤ 按规定进行座席旅客去向登记，逐个核实卧铺车旅客票、证、人的一致性，将不符合乘车条件的人员和剩余卧铺情况报告列车长。

（2）作业指导。

① 列车运行中（含始发、途中、折返），车厢列车员进行车厢内巡视作业时，需对记录器运行状态、安全情况进行目视检查，列车员须掌握视频监控设备的使用方法、监控范围，列车运行中做好记录器的防盗监管及故障监控，发现记录器出现异常问题（例如监控器蓝灯长亮或不亮灯、蓝灯闪烁并提示"请插入存储卡"、电池指示灯不亮），在妥善处置的同时，通知列车长在《"三乘"检查记录》中记录。

② 若为低站台，面向旅客放行方向立岗；若为高站台在靠车体一侧立岗，严禁站在两车连接处，落实高站台车门安全踏板放置、安全警示带悬挂的规定。立岗姿势规范，精神饱满。站立时，挺胸收腹，两肩平衡，身体自然挺直，双臂自然下垂，手指自然拢贴于裤线上，脚跟靠拢，脚尖略向外张呈V形。女性可双手四指并拢，交叉相握，右

手叠放在左手之上，自然垂于腹前；左脚靠在右脚内侧，夹角为 45°呈丁字形。

③ 列车在始发站，由列车员在车门实行实名制验证，发现票、证、人不一致的旅客，拒绝其乘车。遇客流高峰，旅客集中上车来不及查验时，可先允许旅客上车后再补充查验。

④ 遇有高寒、高温、雨雪天气或在办理客运业务的中间站长时间停靠时，列车长与车站确认没有旅客乘降后，可统一组织乘务员提前上车，保留正对车站放行通道的车门开放，其余车门暂时关闭，乘务员在车门口立岗。

⑤ 行李架物品摆放平稳、牢固、整齐。大件行李妥善放置，不占用席（铺）位，不堵塞通道。锐器、易碎品、杆状物品及重物等放在座（铺）位下面。衣帽钩限挂衣帽、服饰等轻质物品。

⑥ 实行一车两人乘务制的，始发站台作业由二班乘务员负责，始发前检查、始发车内宣传引导、整理车容由头班乘务员负责。一车一人乘务制的全部由本车厢乘务员负责。

⑦ 实行一车两人乘务制的，出站检查、补整车容、始发去向登记（票、证、人核验）由二班乘务员负责。一车一人乘务制的全部由本车厢乘务员负责。

⑧ 在去向登记和票、证、人核验过程中进行乘车提示宣传，接受咨询，掌握旅客动态，了解重点旅客需求，提供相应服务，对特殊重点旅客按规定报告列车长。对使用预留座（铺）位的旅客提前做好告知工作，落实预留车厢管理要求。

3. 任务准备

（1）准备物品：客运备品。
（2）知识点归纳。
① 重点旅客是指_____。
② 特殊重点旅客是指_____。
③ 三乘制度是指：_____、_____、_____。
④ 落实高站台车门_____、_____悬挂的规定。

4. 任务实施

任务一：学生分组模拟始发作业车门口安全管理制度。

任务二：如果你是一名列车员，发生以下情况时应该如何处理？
（1）情景一：假如有人把大件行李放在车门口，导致车门口旅客拥堵，作为列车员应该怎么处理。

（2）情景二：在车门口查验车票时，你发现一名旅客携带了鞭炮，作为列车员应该如何处理。

（3）情景三：车厢里有一名重点旅客，作为列车员应该如何处理。

铁路客运组织实训工单

5. 任务评价

序号	考核内容	权重/%	考核评价			
			个人评价	小组评价	教师评价	得分
1	车门口安全管理	30				
2	重点旅客安置	30				
3	立岗姿势	20				
4	积极参加讨论，有团队合作意识	10				
5	学习态度及完成作业情况	10				
项目得分统计						

注：表格中的考核评价可根据任务形式不同进行不同角色的成绩评定。

学习笔记	

学习情境 4.3　中途作业

学院		专业		姓名	
组长		小组成员			

知识目标

（1）熟悉普速列车中途作业标准。

（2）掌握普速列车中途作业相关技能。

能力目标

（1）能够按照普速列车中途作业流程作业。

（2）能够在列车运行途中为旅客提供优质的服务。

素质目标

（1）培养良好的职业素养。

（2）培养热情周到、无私奉献的精神。

1. 任务内容

到站前作业、停站作业、出站作业、途中作业。

2. 任务指导

1）到站前作业流程

（1）进行车厢内进行大面积卫生清理。车厢内地面及连接处保持干净、确保无烟头，洗脸间、厕所间、茶炉间、通过台（简称"三间一台"，下同）干净卫生，无积水，垃圾装袋扎口定位存放。

（2）到站前 10 min，座席列车员双车（边）通告站名、停站时刻；卧铺列车员到站前 30 min 通告站名、停站时刻。

（3）提示下车车门，帮助特殊重点旅客提前到车门口等候下车。

（4）离开上水站前查看水箱水量并记录，若水箱未满水，应通知列车长。

（5）按规定锁闭厕所，垃圾袋扎口后准备投放。

（6）停靠高站台车站时，提前准备安全踏板和警示带。列车进站前提前到上下客车门处立岗，面向站台行注目礼进站。

2）停站作业流程

（1）确认站台，停稳开门。高站台站停时间超过 4 min，牢固放置安全踏板，翻板止杆落槽，挂放警示带，立岗姿势标准。在车门口进行安全宣传，组织有序，验票上车，重点帮扶。

（2）若首尾车厢未停靠站台时，采取组织旅客到相邻车厢乘降等正确应急处置措施。

（3）在指定站定点投放垃圾，杜绝侵入安全线以内。

（4）开车铃响，面向列车站在安全线内，确认乘降完毕，铃停收取警示带、安全踏板后登车。发现车门故障等情况，采取正确应急处置措施。

3）出站作业流程

（1）车动关门（若为塞拉门则应在铃停后登车关门），行注目礼，立岗出站。

（2）自检和互检车门锁闭情况，对要求双开门作业的车门，重点锁闭和复查；同时检查月台门安全带固定情况。

（3）开车后座席车厢乘务员双车（边）通报。开启厕所、清理通道、恢复车容、卧车乘务员进行票、证、人核验，进行安全提示。

（4）核实上水站补水车厢的水箱水位并记录。

4）运行途中作业

（1）运行途中每半小时巡查车厢不少于 1 次，落实重点检查和作业项工作。

（2）处理客运业务。

① 配合进行实名制车票查验。

② 配合进行禁止和限制携带品的检查，做好安全宣传工作。

③ 实行首问首诉负责制。

④ 遇列车晚点，做好安抚解释工作，加强服务。

项目4　普速旅客列车列车员技能训练及常见问题处理

⑤ 妥善处理各类突发事件，发现影响服务质量的问题（设备故障、无票人员、安全隐患、旅客投诉等），按规定处理并及时向列车长汇报。

（3）交接班作业。

① 交班列车员在交班前，清理车厢卫生，确认备品位置。卧车列车员核对铺位、检查设备设施并将情况填入台账等。

② 接班列车员在接班前参加班前会（9:20—9:30、16:20—16:30），掌握本班重点工作，接受业务抽考，列队到餐车定位就餐（无餐车的组织列队接班）。

③ 双班列车员逐项办理交接，交接车容卫生，卧车列车员核对铺位使用、客流、重点旅客、服务备品、设备设施等情况，并办理签认。

④ 乘务用餐：接班列车员在餐车用餐，餐后列队接班；交班列车员交班后用餐，列队回宿营车休息；夜间补充餐分单、双号进行，值守人员做好兼管车厢的巡检工作。

（4）夜间作业。

① 卧车列车员核对铺位，座席列车员进行旅客去向登记。

② 清理车厢内卫生，收集垃圾，清理"三间一台"卫生。

③ 座席列车员清理果皮盘；硬卧列车员清空热水瓶余水、清洁果皮盘并收回后在乘务室定位摆放，清理走道茶几，整理鞋子，闭合走廊和铺位内侧窗帘并挂放整齐，提示旅客准备熄灯，按规定时间打开地灯，关闭顶灯；软卧列车员清理包房内生活垃圾，闭合窗帘和纱帘，并整齐挂放。

④ 做好夜间安全提示和前方到站预告。

⑤ 夜间卫生突击作业。

⑥ 卧铺列车员在边凳值守。

（5）早间作业。

① 夏季5:30，春秋冬季6:00，卧铺列车员提前灌装热水瓶。

② 卧车走廊侧夏季6:30，春秋季7:00，冬季7:30打开窗帘并整齐挂放。

③ 硬卧列车员及时发放果皮盘、热水瓶。在征得旅客同意的情况下，对床铺进行整理；软卧列车员利用旅客洗漱、就餐时间对包房进行整理，清理垃圾、更换热水瓶。

④ 座席列车员整理窗帘、茶桌；打扫车厢卫生，冲洗厕所。

⑤ 在旅客洗漱时段，要加强"三间一台"的擦抹及保洁工作，保持车厢干净卫生。

（6）午间作业（12:30—14:30）。

① 清理垃圾桶、果皮盘、茶桌，打扫车厢卫生；冲刷厕所，清理洗脸间地面、台面和厕所地面卫生。

② 卧铺列车员核对铺位，闭合窗帘，对高声喧哗等影响其他旅客休息的行为进行劝阻。

③ 旅客午休结束后，卧铺列车员打开窗帘并整齐挂放。

（7）车厢重点检查及作业内容。

① 检查责任车厢各个车门，确保锁闭（动车组运行区段前进方向右侧半截窗必

71

须锁闭），同时检查月台门安全带挂套固定情况。

② 进行车厢卫生清理，清理地面及连接处垃圾，整理行李架摆放情况，保持厕所干净卫生，保持车容整洁。

③ 查看供水水位，检查车内温度、照明情况，发现问题向列车长汇报。

④ 制止旅客违规吸烟等影响安全的行为。

⑤ 卧铺列车员核对空铺使用情况。

⑥ 对旅客进行安全提示，临时停车、过大桥和长大隧道时加强巡视，做好安全提示。

⑦ 严禁违规使用手机等视听电子设备和其他违反乘务纪律的行为。

3. 任务准备

（1）准备物品：客运备品。

（2）知识点归纳。

① 三间一台是指_____、_____、_____。

② 到站前_____min，座席列车员双车（边）通告站名、停站时刻；卧铺列车员到站前_____min 通告站名、停站时刻。

③ 临时停车、过大桥和长大隧道时加强巡视，做好_____。

4. 任务实施

任务一：学生分组编写剧本，模拟进行途中服务旅客的作业。

任务二：假如列车临时停车，作为列车员应该如何处理？

任务三：假如有拿硬座车票的旅客，要去硬卧车厢看望朋友，你作为列车员如何处理？

5. 任务评价

序号	考核内容	权重/%	考核评价			
			个人评价	小组评价	教师评价	得分
1	客运服务作业	30				
2	特殊情况的处理	30				
3	模拟途中服务旅客作业情况	20				
4	积极参加讨论，有团队合作意识	10				
5	学习态度及完成作业情况	10				
	项目得分统计					

注：表格中的考核评价可根据任务形式不同进行不同角色的成绩评定。

铁路客运组织实训工单

学习笔记

学习情境 4.4　终到作业

学院		专业		姓名	
组长		小组成员			

知识目标

（1）熟悉普速列车终到作业标准。
（2）掌握普速列车终到作业技能。

能力目标

（1）能够按照普速列车终到作业流程作业。
（2）能够做好列车折返及终到作业。

素质目标

（1）培养职业素养。
（2）培养严谨认真的职业精神。

1. 任务内容

终到（折返）站前作业、终到（折返）站作业、退乘作业。

2. 任务指导

1）终到（折返）站前作业

终到（折返）站前作业流程如下。

（1）到站前1 h，若为双班作业，则对车厢进行卫生全面清理。收取果皮盘，对热水瓶内外进行清洁，清理烟灰缸、垃圾桶、"三间一台"及厕所，确保车厢干净整洁，垃圾装袋扎口后定位存放。

（2）到站前10 min，座席列车员双车（边）通告终到站名，卧铺列车员到站前30 min通告终到站名，提示下车车门。

（3）提示旅客使用厕所的规定，并按规定提前锁闭厕所。

（4）提前组织重点旅客到车门口做好下车准备。

（5）列车进站前提前到上下客车门处立岗，面向站台行注目礼进站。

2）终到（折返）站作业

终到（折返）站作业流程如下。

（1）确认站台，停稳开门。若为高站台，牢固放置安全踏板，翻板止杆落槽，挂放警示带，立岗姿势标准。在车门口进行安全宣传，有序组织，重点帮扶。若首尾车厢未停靠站台，组织旅客到相邻车厢乘降。

（2）确认旅客下车完毕，将垃圾袋投放至站台指定位置，收取警示带、安全踏板、上车关门。

3）退乘作业

（1）巡检交接。

巡检交接作业流程如下。

① 终到后检查车厢内固定服务设施和移动备品。

② 全面检查车厢，确保无滞留旅客、无闲杂人员、无遗留火种，发现旅客遗失物品报告列车长。

③ 终到后进行卫生"补强"和整改作业，确保备品定位放置、移动备品清洁干净，准备办理交接。

④ 若交接存在问题，由列车长协调解决。

⑤ 根据乘务交路或班组安排，与接车列车员或保洁人员办理交接、落实看车管理。

⑥ 未进行吸污作业或集便箱超容量的，向列车长汇报。

（2）列队退乘。

① 站台退乘：在列车中部位置外的站台上，参加终到退乘会，上交台账资料，列队按规定线路行走，出站退乘。

② 折返站终到退乘：参加退乘会，除看车人员外，安排入住公寓的，按规定线路列队行走入住并遵守公寓管理规定，急事需外出时，必须严格执行请销假制度，

遵守安全管理规定。

③ 库内退乘：入库办理交接，在规定时间于规定车厢下车，参加退乘会（或在车厢内召开），除看车人员外，按规定行走线路集中列队出站。

3. 任务准备

（1）准备物品：安全警示绳、安全踏板、背包。

（2）知识点归纳。

① 列车进站前提前到上下客车门处立岗，面向站台行_____进站。

② 终到检查车厢内_____和_____。

③ 根据乘务交路或班组安排，与接车列车员或保洁人员办理交接、落实_____。

④ 全面检查车厢，_____、_____、_____、发现旅客遗失物品报告列车长。

4. 任务实施

任务一：模拟列车终到作业流程。

任务二：列车终到时，在巡视、检查车厢时发现一个旅客落下的背包，包里有现金、证件、笔记本电脑、手表，作为列车员应该如何处理？

铁路客运组织实训工单

5. 任务评价

序号	考核内容	权重/%	考核评价			
			个人评价	小组评价	教师评价	得分
1	终到作业流程	30				
2	旅客遗失物品处理	30				
3	交接作业	20				
4	积极参加讨论，有团队合作意识	10				
5	学习态度及完成作业情况	10				
项目得分统计						

注：表格中的考核评价可根据任务形式不同进行不同角色的成绩评定。

学习笔记	

项目 5　高速动车组列车乘务员技能训练及常见问题处理

学习情境 5.1　出乘前准备作业

学院		专业		姓名	
组长		小组成员			

知识目标

（1）熟悉高速动车组列车出乘前作业标准。

（2）掌握高速动车组列车出乘作业相关技能。

能力目标

（1）能够按照高速动车组列车始发作业流程作业。

（2）能够掌握高速动车组列车相关设备设施及应急设备的位置、性能及使用知识。

素质目标

（1）培养积极的职业心态。

（2）培养认真工作的职业态度。

1. 任务内容

出乘前准备作业、始发站准备作业。

2. 任务指导

1）出乘前准备作业

（1）作业流程。

① 按规定穿着统一制服，佩戴职务标志。

② 检查证件、随身设备携带情况，按规定上交证件。列车值班员应随同列车长到计财部门请领票机、票据。

③ 参加出乘学习会。

（2）作业指导。

① 按照客运人员着装标准穿着统一制服，佩戴职务标志，要求仪容整洁，着装得体。

② 检查纸杯、报纸等备品，确保携带齐全；列车值班员要做到票据携带齐全、备足零钱，满足途中使用（出乘学习会后次日出乘班组，出乘列队点名前 10 min请领）。

③ 通过出乘学习会，掌握本趟重点工作，学习文件，参加业务学习，接受业务抽考。熟练掌握本岗位相关设备设施性能，熟知本岗位业务知识和职责，掌握担当列车沿途停站和时刻，以及上水、吸污、垃圾投放等作业情况，熟悉本岗位相关应急处置流程，具备应对突发事件的能力。

2）始发站准备作业

（1）作业流程。

① 列车出库始发开车前 1 h（始发站交接班为所接列车终到前 30 min、便乘出乘班组为便乘车次开车前 30 min），到车队集中列队点名，领取站车交互系统、音视频存储卡，按规定登录站车交互系统，下载数据；整理仪容仪表，检查校验通信设备（对讲机）并进行通话试验，上交手机，签字确认并与列车长核对时间。

② 在列车长带领下，列队进站。

③ 开车前 40 min 在列车中部位置（餐车）外的站台位置列队接车。始发作业时间较短，列车调入站台 5 min 内就"放客"的，按照列车长安排，列车员、值班员在1（9）、8（16）车接车，列车调入站台后快速上车准备始发作业，列车员、值班员的乘务箱包可由其他工种带上车。

④ 在规定车厢登车，票箱入柜加密上锁，乘务箱包、台账资料及相关设备定位摆放。

⑤ 巡视车厢，检查、验收责任车厢设备设施、安全标识，督促保洁人员"补强"车内卫生。做好车容"补整"，检查服务备品、免费读物、服务指南摆放和缺损情况，若存在问题向列车长汇报。安装存储卡，打开视频记录器。

（2）作业指导。

① 出乘点名，单编班组列一横队，重联班组列两横队，排列顺序依次为列车员、

餐饮人员、保洁人员。调试对讲机,耳机佩挂在同一方向,确保通信设备状态良好。

② 乘务人员按规定路线列队行走,步伐一致,统一用右手拖箱。单编班组列一列纵队,重联班组列两列纵队,排列顺序依次为列车员、餐饮人员、保洁人员。

③ 在列车中部位置(餐车)外的站台安全线内列队接车,队伍前排脚尖距安全线1.5 m,队列前后间隔 0.5 m。8 辆编组班组列两横队(依次为列车员、餐饮人员、保洁人员,两排人数均分),重联编组列车的两个乘务班组在各自担当车底的中部位置列队。

④ 巡视检查内容包括厕所、消防器材、电茶炉、车内照明、座椅性能(包括小桌板、脚踏板性能检查)、空调设备、车窗设备、过道门、防火隔断门、显示屏、车厢广播音量、紧急制动按钮、烟雾报警器盖板等是否作用良好;检查应急设备是否齐全有效;检查列车上水、吸污情况,发现问题及时向列车长汇报。

⑤ 各类服务备品要按照定位标准摆放,检查数量、有效期,做到备品齐全、有效。

3. 任务准备

(1) 准备物品:乘务人员制服套装、帽子、工号牌、领带。

(2) 知识点归纳。

① 按照客运人员着装标准穿着统一制服,佩戴职务标志,要求＿＿＿＿、＿＿＿＿。

② 列车出库始发开车前＿＿＿＿,(始发站交接班为所接列车终到前＿＿＿＿,便乘出乘班组为便乘车次开车前＿＿＿＿),到车队集中列队点名。

③ 按规定车厢登车,票箱＿＿＿＿,乘务箱包、台账资料及相关设备定位摆放＿＿＿＿。

④ 巡视检查内容包括厕所、＿＿＿＿、电茶炉、车内照明、座椅性能(包括小桌板、脚踏板性能检查)、空调设备、车窗设备、过道门、＿＿＿＿、显示屏、车厢广播音量、＿＿＿＿、＿＿＿＿盖板等是否作用良好。

4. 任务实施

任务一:整理、归纳高速动车组列车出库验收标准。

任务二:模拟进行高速动车组列车出库整备作业,在规定时间内做好高速动车组列车出乘的整备作业。把存在的问题整理记录下来。

任务三:分小组整理高速动车组列车设备设施及应急设备的图片,制作成PPT。

铁路客运组织实训工单

5. 任务评价

序号	考核内容	权重/%	考核评价			
			个人评价	小组评价	教师评价	得分
1	列车设备认知	30				
2	出乘前作业流程	30				
3	客运人员着装	20				
4	积极参加讨论，有团队合作意识	10				
5	学习态度及完成作业情况	10				
项目得分统计						

注：表格中的考核评价可根据任务形式不同进行不同角色的成绩评定。

学习笔记	

学习情境 5.2　始发作业

学院		专业		姓名	
组长		小组成员			

知识目标

（1）熟悉高速动车组列车始发作业标准。

（2）掌握高速动车组列车始发作业相关技能。

能力目标

（1）能够按照高速动车组列车始发作业流程作业。

（2）能够掌握不同型号高速动车组列车的区别。

素质目标

（1）培养高速动车组列车列车员职业素养。

（2）培养爱岗敬业的职业态度。

1. 任务内容

放客准备作业、放客作业。

2. 任务指导

1）放客准备作业

（1）作业流程。

① 加强与列车长进行信息沟通，及时掌握客流情况，做好始发前准备工作。

② 接到列车长放客通知后，整理仪容仪表，立即到责任车厢通过门距离反面车门 30 cm 处，面向放客车门立岗。

（2）作业指导。

CRH1A 型、CRH1A-A 型、CRH2A 型动车组列车员立岗位置：1、8 车（重联时增加两名列车员在 1、8、9、16 车）车门内立岗，"一长三员"时增加一名列车员在 3 车（重联时增加两名列车员在 3 车、11 车）车门内立岗。CRH380A 型动车组列车员立岗位置：2、8 车（重联时增加两名列车员在 2、8、10、16 车）车门内立岗，"一长三员"时增加一名列车员在 3 车（重联时增加两名列车员在 3 车、11 车）车门内立岗。

2）放客作业

（1）作业流程。

① 面带微笑迎接旅客上车，做好宣传提示。妥善安排重点旅客。协助列车长检查高铁快件装车、码放和安检情况。

② 听到车站客运作业完毕的通知，探身瞭望站台，确认旅客乘降完毕，与列车长进行联控。

（2）作业指导。

① 立岗时，引导旅客按座号入座、按规定摆放大件行李，劝阻旅客的不文明乘车行为。

② 向车站移交的特殊重点旅客了解情况，做好引导和行李摆放工作，提供必要的服务；对其他需要帮助的旅客提供相应服务，并提示安全乘车事宜。

③ 高铁快件按指定位置码放，不影响座椅后倾，高度不超过座椅；需中途换向的列车，不使用最后一排座椅后的空档处。

④ 列车员确认旅客乘降完毕时要使用标准联控用语从机次方向开始依次用对讲机向列车长汇报。

3. 任务准备

（1）准备物品：乘务人员制服套装、帽子、工号牌、领带。

（2）知识点归纳。

① 听到车站客运作业完毕的通知，_____、确认旅客乘降完毕。

② 需中途换向的运输高铁快件的列车，不使用_____。

③ 接到列车长放客通知，整理仪容仪表，立即到责任车厢通过门距离反面车门

_____处,面向放客车门立岗。

④ 向车站移交的_____了解情况,做好引导和行李摆放工作,提供必要的服务。

4. 任务实施

任务一:分组收集不同型号的高速动车组列车的资料,制作 PPT。

任务二:分组编写剧本演示始发作业流程,并将作业流程图用思维导图的形式整理出来。

铁路客运组织实训工单

5. 任务评价

序号	考核内容	权重/%	考核评价			
			个人评价	小组评价	教师评价	得分
1	不同型号的高速动车组列车认知	30				
2	始发作业流程	30				
3	PPT 制作	20				
4	积极参加讨论，有团队合作意识	10				
5	学习态度及完成作业情况	10				
项目得分统计						

注：表格中的考核评价可根据任务形式不同进行不同角色的成绩评定。

学习笔记	

学习情境 5.3　途中作业

学院		专业		姓名	
组长		小组成员			

知识目标

（1）熟悉高速动车组列车中途作业标准。
（2）掌握高速动车组列车中途作业技能。

能力目标

（1）能够按照高速动车组列车中途作业流程作业。
（2）能够做好车厢的安全管理工作。

素质目标

（1）培养高速动车组列车列车员职业素养。
（2）培养团结协作、顾全大局的职业态度。

1. 任务内容

开车后作业、运行途中作业、到站前及停站作业。

2. 任务指导

1）开车后作业

（1）作业流程。

① 面向站台行注目礼立岗出站，兼职负责商务座、特等座车厢的列车员应先做好商务座、特等座旅客服务后，再全面巡视责任车厢，做好服务提示，进行行李架及车容整理，做好安全宣传及引导。安全员在始发开车后全面巡视车厢，宣传、引导旅客文明乘车，爱护服务设备设施，加强禁烟及严禁携带危险品、违禁品宣传。

② 验票验证，用站车交互系统进行验证登记，引导越席旅客至票面指定车厢乘坐，及时纠正和制止不符合乘车条件的行为，对违章乘车、不听劝阻的行为进行登记并向列车长汇报，掌握车厢旅客情况。

③ 协助保洁员"补整"车内卫生。

（2）作业指导。

① 行李架摆放要做到大不压小、重不压轻，行李架凸起部分无行李，行李架上杜绝摆放铁器、玻璃器皿、杆状物品、较大较重物品，大件行李放置在大件行李柜中，杜绝堵塞通道。检查高铁快件的码放、外包装、施封、安检等状况。

② 在查验车票时，按从高等级席位至低等级席位的顺序进行。动车组列车运行时间超过 2 h 的，始发后全面验票验证 1 次，途中对上车旅客进行验票验证，运行时间在 2 h 以内的分车厢均衡进行实名制抽验，一等座及商务座旅客均需实名制验证。掌握客流和重点旅客情况，做到心中有数。对特殊重点旅客做到"三知三有"，重点关注，优先照顾。

③ 协助随车保洁员做好车厢卫生保洁工作；检查、督促保洁员对厕所等重点部位进行卫生清理，及时跟踪整改情况；一次性水杯、纸质清洁袋、洗手液、卫生纸、擦手纸、一次性坐便垫圈等备品补充及时。

2）运行途中作业

（1）作业流程。

① 巡视责任车厢，整理车容，掌握车厢旅客人数、重点旅客、异常旅客、车内保洁等情况，对有需求的重点旅客提供相应服务。检查车厢视频监控器工作状态是否正常。安全员须每小时全面巡查车厢不少于一次，对发生的各类案（事）件进行先期处置，必要时及时启动警情处置程序。

② 引导旅客文明乘车，加强禁烟宣传，对有不文明乘车行为的旅客进行劝阻。

③ 做好列车长布置的临时工作，按规定进行乘务用餐。

④ 业务处理。一是落实"首问首诉"负责制，及时受理并向列车长反映旅客投诉情况。二是制止与乘务、添乘工作无关人员进入动车组司机室、乘务员室等工作场所。三是列车值班员负责有补票需求和不符合乘车条件的人员的补票工作，办理补票业务要根据旅客出示的车票按章办理，或询问旅客是否已购车票。补票包中的

现金必须及时入保险柜保管，遇补票旅客人数较多的情况，必须在办理补票作业完毕后及时将现金存入保险柜。四是发现列车服务设备设施存在问题时及时通知列车长处理。五是运行中发生非正常突发情况时，按应急预案职责和岗位分工处置。

（2）作业指导。

① 运行途中列车员每 20 min 检查车厢不少于一次、每 30 min 检查厕所、洗脸间卫生不少于一次，存在问题及时督促随车保洁员整改，配合随车保洁员清理责任区车厢铺位上、座椅网兜内、桌板上垃圾（座位上有旅客时，征得旅客同意后方可清理），旅客用餐时段，协助随车保洁员做好车内保洁工作。

② 列车运行中，加强对视频记录器的巡视检查，发现视频记录器状态指示灯不显示绿灯时，立即通知随车机械师。

③ 整理车容作业主要包括确保责任区车厢行李架、座椅套、头枕片、服务指南、免费读物等的整齐和定位摆放。

④ 按照列车长的工作安排，在乘务室内或餐车定位用餐，用餐时间不超过 15 min，按规定分批用餐。

3）到站前及停站作业

（1）作业流程。

① 协助随车保洁员做好车内保洁工作，提前到岗，组织、引导（特殊）重点旅客到车门口等候下车，在规定车厢位置立岗进站。

② 组织乘降，做好宣传提示，提醒旅客下车时注意车门口的乘降安全。妥善安排重点旅客。协助列车长检查高铁快件装车、码放和安检情况。

③ 听到车站客运作业完毕的通知，探身瞭望站台，确认旅客乘降完毕，与列车长进行联控。

④ 涉及动车组在运行途中换向，在换向站停靠前后，按照列车长分工安排，做好相应服务工作。

⑤ 立岗行注目礼送列车出站。

（2）作业指导。

① 进出站立岗位置与始发站立岗位置一致。

② 做好途中转向工作，列车员负责 1（9）、8（16）号车厢的座椅转向引导工作，相邻车厢可根据作业进度互相帮忙完成。如旅客在听到广播后自行转椅时，提醒旅客推动座椅不要用力过猛，共同爱护车辆设施，并提示旅客将自己的行李物品安放稳妥，防止损坏，对旅客已自行完成转向的，轻推座椅检查转向到位情况；如值乘车底是 CRH1A 型车底，告知旅客待转向站开车后由列车工作人员组织统一转向，请旅客提前进行随身物品，以及桌板上、座椅下行李物品的整理。停站时，做好车门口引导，告知旅客列车即将转向，开车后列车工作人员会协助旅客做好座椅转向。

③ 列车员确认旅客乘降完毕，联控时要使用标准联控用语从机次方向开始依次用对讲机向列车长汇报。

3. 任务准备

（1）准备物品：乘务人员制服套装、帽子、工号牌、领带、相关备品。

89

（2）知识点归纳。

① 验票验证，用＿＿＿＿＿＿＿进行验证登记，引导越席旅客至票面指定车厢乘坐。

② 引导旅客文明乘车，加强＿＿＿＿＿＿＿＿，对有不文明乘车行为的旅客进行劝阻。

③ 整理车容作业主要包括确保责任区车厢＿＿＿＿＿＿＿＿的整齐和定位摆放。

④ 落实＿＿＿＿＿＿＿＿负责制，及时受理并向列车长反映旅客投诉情况。

4. 任务实施

任务一：分组编写与中途作业相关的剧本，演示中途作业的相关流程。

任务二：行李摆放有哪些要求？

任务三：当高速动车组列车超时运行时，列车员应该如何处理？

5. 任务评价

序号	考核内容	权重/%	考核评价			
			个人评价	小组评价	教师评价	得分
1	中途作业流程	30				
2	列车超员处理	30				
3	行李摆放要求	20				
4	积极参加讨论，有团队合作意识	10				
5	学习态度及完成作业情况	10				
	项目得分统计					

注：表格中的考核评价可根据任务形式不同进行不同角色的成绩评定。

铁路客运组织实训工单

学 习 笔 记

学习情境 5.4　列车折返站及终到作业

学院		专业		姓名	
组长		小组成员			

知识目标

（1）熟悉高速动车组列车折返站、终到作业标准。

（2）掌握高速动车组列车折返站、终到作业相关技能。

能力目标

（1）能够按照高速动车组列车折返站、终到作业流程作业。

（2）能够做好列车退乘相关作业。

素质目标

（1）培养高速动车组列车列车员职业素养。

（2）培养吃苦耐劳、艰苦奋斗的职业态度。

1. 任务内容

折返站作业、终到作业。

2. 任务指导

1）折返站作业

（1）到站前作业。

① 作业流程。

a）到站前 40 min，协助保洁员进行一次全面卫生清理。

b）提前到岗，组织、引导（特殊）重点旅客到车门口等候下车，在规定车厢位置立岗进站。

c）列车值班员将补票包内现金全额放入保险柜保管。

② 作业指导。

a）终到站时确保车内无垃圾、污水、粪便、异味。垃圾装袋、封口，确保无渗漏，到站定点投放。

b）立岗位置与始发站立岗位置一致。

（2）站停作业。

① 作业流程。

a）列车停稳后，组织旅客下车，提醒旅客下车时注意车门口乘降安全。协助随车保洁员定点投放垃圾。

b）旅客下车完毕后，巡视责任车厢。若立即折返，督促折返站保洁员做好车内保洁工作，整理车容，检查易耗品摆放情况，确保全列干净整洁，符合标准；了解列车上水、吸污情况。客运作业完毕后下车在站台集中列队点名，按指定线路列队到公寓休息，列车值班员保管好票据现金。

c）若立即折返，在进行站车无线交互系统退乘操作后及时登乘折返车次，下载数据信息。

② 作业指导。

a）旅客下车完毕后，巡视车厢，重点检查是否存在安全隐患、旅客是否全部下车和旅客遗失物品等情况，发现问题及时向列车长汇报。

b）整理车容作业主要包括确保责任区车厢座椅套、头枕片、服务指南、免费读物整齐和定位摆放。验收责任车厢卫生，检查发现的问题及时督促保洁员立即整改。

c）站台集中点名与退乘列队要求与始发站接车、进站列队要求一致。如班组随车底入库入住公寓，重联班组须跟随各自值乘车底入库，并在下车前进行再次巡视，确保车底无闲杂人员。列车终到车站检查完毕后，无动车登车台一端乘务班组可集中至另一端随车进库退乘。需要住宿的班组，集体入住公寓，落实公寓管理规定。

d）要及时使用站车无线交互系统下载折返车次席位信息，如站停时间少于 30 min，可提前下载，供验证登记使用。

（3）折返站出库始发作业。

① 作业流程。

a）在公寓门口集中列队，整理仪容仪表，检查校验通信设备（对讲机）并进行通话试验，上交手机、签字确认并与列车长核对时间。

b）按指定线路列队进站，开车前 40 min，在列车中部（餐车）外的站台位置列队接车。列车停稳后迅速登车。

c）按规定车厢登车，乘务箱包、台账资料及相关设备定位摆放。

d）检查、验收责任车厢出库保洁质量、服务指南及免费读物配置和定位放置情况，检查服务设施使用情况，若存在问题立即整改。安装车厢视频记录器。

e）列车开车前 30 min 登录站车交互系统，下载数据。

f）其余作业项目与始发作业一致。

② 作业指导。

a）公寓门口集合列队与始发前在段列队要求一致。

b）进站、接车的列队要求与始发站列队要求一致。

2）终到作业

（1）到站前作业。

① 作业流程。

a）到站前 40 min，协助保洁员进行一次全面卫生清理。

b）列车值班员会同列车长审核票据，结算票款，填写客货票据进款交接班登记簿、车补进款交接单。

c）提前到岗，组织、引导（特殊）重点旅客到车门口等候下车，在规定车厢位置立岗进站。

② 作业指导。

a）终到站时，确保车内无垃圾、污水、粪便、异味。垃圾装袋、封口，确保无渗漏，到站定点投放。

b）列车长与列车值班员办理完票据现金交接并在客货票据进款交接班登记簿上登记后，应将所有剩余票据登记在客货票据进款交接班登记簿上（包括列车值班员未使用的票据），同时列车值班员在交班人处签名，列车长在记事栏空白处签名，以示对剩余票据进行了监督清点。

c）立岗位置与始发站立岗位置一致。

（2）站停作业。

① 作业流程。

a）列车停稳后，组织旅客下车，提醒旅客下车时注意车门口乘降安全。协助随车保洁员定点投放垃圾。

b）旅客下车完毕，巡视责任车厢，与接车班组办理对口交接。车底入库时，取出存储卡，关闭视频记录器。

c）在站台集中列队点名，按指定线路行走出站。

② 作业指导。

a）旅客下车完毕后，巡视车厢，重点检查是否存在安全隐患、旅客是否全部下车，以及旅客遗失物品等情况，发现问题及时向列车长汇报。

b）列队要求同始发站进站列队要求一致。

（3）退乘作业。

① 作业流程。

a）到车队参加退乘会，听取列车长点评本趟工作，领取手机。

b）列车值班员会同列车长到收款室缴纳现金、票据。

② 作业指导。

a）对于本趟工作中存在的问题，提出整改措施。

b）列车终到后半小时内到收款室缴纳现金票据，票机、票卷入柜加锁存放，确保收入工作安全无误。

3. 任务准备

（1）准备物品：乘务人员制服套装、帽子、工号牌、领带、相关备品。

（2）知识点归纳。

① 列车值班员会同列车长审核票据，结算票款，填写_____，_____。

② 列车停稳后，组织旅客下车，提醒旅客下车时注意车门口_____。

③ 旅客下车完毕，巡视车厢，重点检查是否存在_____、旅客是否全部下车和_____等情况，发现问题及时向列车长汇报。

④ 到车队参加_____，听取列车长点评当趟工作，领取手机。

4. 任务实施

任务一：分小组编写与退乘相关的剧本，演示退乘作业的相关流程。

任务二：高速动车组列车车门不能自动开启时，作为列车员应该如何处理？

任务三：列车未完全停靠站台时，作为列车员应该如何处理？

5. 任务评价

序号	考核内容	权重/%	考核评价			
			个人评价	小组评价	教师评价	得分
1	折返站作业流程	30				
2	终到作业流程	25				
3	退乘作业	25				
4	积极参加讨论，有团队合作意识	10				
5	学习态度及完成作业情况	10				
项目得分统计						

注：表格中的考核评价可根据任务形式不同进行不同角色的成绩评定。

铁路客运组织实训工单

学习笔记

项目6　站车协同作业

学习情境 6.1　客运记录

学院		专业		姓名	
组长		小组成员			

知识目标

（1）了解客运记录的编制规范要求。
（2）掌握客运记录的编写范围。

能力目标

（1）能够根据实际情况规范编制客运记录。
（2）能够熟记客运记录的编写范围。

素质目标

（1）培养良好的职业意识。
（2）培养识别判断能力，及时解决问题。

1. 任务内容

熟悉站车多种情况下编制客运记录的方法，并能结合实际问题，熟练运用客运记录。

2. 任务指导

1）客运记录编制规范

（1）据实填写，事项齐全。编写客运记录时，要求内容准确、具体、详细、齐全、完整，如实反映情况，不得虚构、假想、臆测。如涉及旅客车票时，应有发到站、票号；涉及行李、包裹票时，除应有发到站、票号外，还应有旅客、发（收）货人姓名、单位、物品品名、数量、重量等，不得漏项。

（2）语言简练，书写清楚。客运记录使用的语言要简明扼要，条理清楚，能说明问题。字体要清楚，不得潦草，不写自造简化字。

（3）客运记录的记录事由要简单写明编制原因，记录第一行要写抬头（接收方单位名称）。

（4）客运记录应有顺序编号，加盖编制人名章。客运记录一式两份，一份交接收人，另一份由接收人签字后自己留存。留存的客运记录应装订成册，妥善保管，以备存查。

2）铁路客运记录的编写范围

（1）列车编写客运记录范围。

① 因承运人责任使旅客不能按票面记载的日期、车次、座别、铺别乘车时，站车应重新妥善安排，重新安排的列车、座席、铺位低于原票等级时，退还票价差额，不收退票费。上述情况在列车上发生时应编制客运记录。

② 发生车票误售、误购，应退还票款时，车站、列车应编制客运记录交给旅客，作为乘车至正当到站要求退还票价差额的凭证。

③ 旅客误乘列车或坐过了站，列车交前方停车站免费送回时，应编制客运记录。

④ 对无票乘车而又拒绝补票的人，列车长可责令其下车并编制客运记录交县、市所在地车站或三等以上车站处理（其到站近于上述到站时应交到站处理）。

⑤ 在列车上，旅客因病不能继续旅行，列车长应编制客运记录交中途有医疗条件的车站转送医院治疗。

⑥ 因铁路责任致使旅客在中途站办理退票，退还票价差额时，应编制客运记录。

⑦ 发现旅客携带国家禁止或限制运输的物品、危险品乘车，移交最近前方停车站或有关车站处理时，应编制客运记录。

⑧ 旅客携带品超过规定范围（危险品除外），无钱或拒绝补交运费，移交旅客到站或换乘车站处理时，应编制客运记录。

⑨ 向查找站或列车终到站转送旅客遗失品，与车站办理遗失物品交接手续时，应编制客运记录。

⑩ 旅客在列车内发生因病死亡，移交县、市所在地或较大车站处理时，应编制客运记录。

⑪ 列车内发现无人护送的精神病患者，移交到站或换乘车站时，应编制客运记录。

⑫ 因意外伤害（包括区间坠车），招致旅客伤亡，移交有关车站处理时，应编制客运记录。

⑬ 发现违章使用铁路职工乘车证，上报铁路局收入部门处理时，应编制客运记录。

⑭ 列车接到行李、包裹托运人要求在发站取消托运，将行包运回发站时，应编制客运记录。

⑮ 列车接到发站行李、包裹变更运输（包括行李误运）电报时，应编制客运记录，连同行李、包裹和运输报单，交前方营业站或运至新到站（需中转时，移交前方中转站继续运送），旅客在列车上要求变更时，同样办理。

⑯ 列车上发现装载的行李、包裹品名不符，或实际重量与票面记载的重量不符，移交到站或前方停车站处理时，应编制客运记录。

⑰ 列车对已装运的无票运输行李、包裹，应编制客运记录，交到站处理。

⑱ 列车内发现旅客因误购、误售车票而误运行李时，如其托运的行李在本列车装运，应编制客运记录，交前方营业站或中转站向正当到站转运。

⑲ 行李、包裹在运输途中发生事故，移交到站处理时，应编制客运记录。

⑳ 其他应与车站办理的交接事项，应编制客运记录。

（2）车站编写客运记录的范围。

① 发生误售、误购车票，在中途站、原票到站应退还票款时，应编制客运记录。

② 将旅客遗失物品向查找站转送时，应编制客运记录。

③ 旅客在车站发生意外伤害时，应编制客运记录。

④ 车站向铁路局收入部门寄送因违章乘车所查扣的铁路乘车票证时，应编制客运记录。

⑤ 行李、包裹票货分离，需补送行李、包裹或票据时，应编制客运记录。

⑥ 行李、包裹票货分离，部分按时到达交付，部分逾期时，应编制客运记录。

⑦ 行李包裹装运后，旅客或托运人要求运回发站取消托运时，应编制客运记录。

⑧ 行包所在站接到行包变更运输的电报时，应编制客运记录。

⑨ 车站发现伪报品名的行李、包裹损坏其他行李、包裹时，应编制客运记录。

⑩ 在中途站、原票到站处理因误售、误购车票而误运的行李时，应编制客运记录。

⑪ 线路中断，列车停止运行后，鲜活包裹在途中被阻，托运人要求被阻站处理时，应编制客运记录。

⑫ 在发站或中途站，行李、包裹发生事故或需要说明物品现状时，应编制客运记录。

⑬ 行李未到，办理转运手续后，逾期到达时，应编制客运记录。

铁路客运组织实训工单

3. 任务准备

（1）准备物品：乘务人员制服套装、职务标志、客运记录。

（2）知识点归纳。

① 客运记录应有_____，加盖编制人名章。

② 客运记录一式两份，一份交_____，另一份由_____后自己留存。

4. 任务实施

任务一：什么是客运记录？

任务二：因误售误购或误乘需送回旅客时，如何编制客运记录？

任务三：2023 年 3 月 2 日，G2492 次列车（包头—北京北，包头客运段担当乘务工作）于呼和浩特站开车后（前方停车站北京北站），旅客王××，身份证号150202×××××××091220，持包头站至呼和浩特站的车票，08 车 11B 号，票号F000012，找到列车长表示坐过了站，列车长如何编制客运记录？（请将编制内容填入图 6-1 中）

客统-1

呼 和 浩 特 铁 路 局
客 运 记 录

第　　号

记录事由：

注：1. 站、车需要编制记录时均适用。
　　2. 本记录不能作为乘车凭证。

站段　编制人员　　　（印）

站段　签收人员　　　（印）

20　年　月　日编制

87　　2(32开)⑦

图 6-1　客运记录

102

项目 6　站车协同作业

任务四：按小组完成模拟任务。

2023 年 2 月 10 日，D2784 次列车（中国铁路呼和浩特局集团有限公司包头客运段担当乘务工作），大同南到站时（前方到站山阴站），旅客朱××（身份证号1502041990××××7779，持包头站至焦作站的二等座车票，04 车 11C 号，票号D050666）在上厕所时，由于列车到站停车，不慎被晃倒，头部撞在前方墙壁，致使头部流血，大同南站发车后该乘客找到列车员进行包扎处理，列车乘务员应如何编制客运记录？小组成员分岗位模拟作业流程，小组成员互查作业流程是否符合工作规范，教师总结并进行评价。

铁路客运组织实训工单

5. 任务评价

序号	考核内容	权重/%	考核评价			
			个人评价	小组评价	教师评价	得分
1	熟悉规章规定	20				
2	熟悉客运记录的填写要求	20				
3	熟悉礼貌用语的使用	20				
4	积极参加讨论，有团队合作意识	20				
5	学习态度及完成作业情况	20				
项目得分统计						

注：表格中的考核评价可根据任务形式不同进行不同角色的成绩评定。

学习笔记

104

学习情境 6.2　站车台账

学院		专业		姓名	
组长		小组成员			

知识目标

（1）了解站车台账的含义。

（2）掌握站车台账的配置标准。

（3）掌握站车台账的填写。

能力目标

（1）能够根据实际情况来完成站车台账的书写。

（2）能够熟记站车台账的配置标准。

素质目标

（1）培养良好职业意识和职业习惯。

（2）培养一定的文字书写及整理能力。

（3）培养踏实、稳重、严谨的工作态度。

1. 任务内容

牢记站车台账的编制要求，并能熟练地进行编制。

2. 任务指导

（1）站车台账的含义。

站车台账按管理目的主要分为车间、班组的台账和资料两类。

① 车间、班组台账是指需日常填记，且需要保存一定时间的业务报表、交接凭证、作业记录，或记录管理过程、提供查阅分析的账簿。其包括基础管理类、客运生产类的相关台账。

② 车间、班组资料是指本部门组织机构、人员、设施设备等基础情况，规章文电、管理制度、规定、措施、作业指导书、岗位职责等业务资料，以及重点目标管理单位的重点部位平面图等其他档案资料。

站车台账按保存方式主要分为纸质、电子和信息平台三类。

（2）台账的配备标准。

① 车站台账配置标准。

a）现场作业岗位只保留与本岗位安全、生产、服务直接相关的必要台账和票据资料。

b）基础管理类及运输生产类中与旅客安全、生产和服务无直接关系的台账应在车站设置，部分车站（车务段）的异地班组可将其设在班组驻地。

c）车站安全消防台账按客运站设置，铁路局直属站可下移至相关科室设置。

d）现场作业岗位配备资料应利用岗位办公计算机或手持终端存储。

② 列车台账配置标准。

a）列车上设置的台账资料柜不得占用旅客空间，不得影响安全。

b）除存放位置为"车上"的班组纸质台账外，铁路局集团有限公司、站段不得在旅客列车上增设其他纸质台账；鼓励利用手持终端存储电子化台账资料。

c）普速旅客列车客运班组出乘只携带本趟乘务工作所需台账，退乘后按规定上交车队，按期限分类保存，历史台账车下存放。

d）动车组列车除携带铁路电报、客运记录和处理票务所需资料等必要的资料外，其他纸质台账资料不得携带上车。

3. 任务准备

（1）准备物品：车站台账、列车台账。

（2）知识点归纳。

① 列车上设置的台账资料柜不得占用_____，不得影响_____。

② 站车台账按保存方式主要分为_____、_____和信息平台三类。

③ 站车台账按管理目的主要分为_____、_____的台账和资料两类。

④ 动车组列车除携带铁路电报、_____和_____等必要的资料外，其他纸质台账资料不得携带上车。

4. 任务实施

任务一：分析台账的有效期。

任务二：台账设置的原则是什么？

任务三：请按规定填写客运生产班组工作日志，学生自查填写是否合理，教师总结并评分、评价。

铁路客运组织实训工单

5. 任务评价

序号	考核内容	权重/%	考核评价		
			个人评价	教师评价	得分
1	熟悉站车台账设置是否符合原则	20			
2	熟悉站车台账填写流程	20			
3	站车台账填写是否完整无误	20			
4	字迹工整，无涂改	20			
5	学习态度及完成作业情况	20			
项目得分统计					

注：表格中的考核评价可根据任务形式不同进行不同角色的成绩评定。

学习笔记

学习情境 6.3　站车交接

学院		专业		姓名	
组长		小组成员			

知识目标

（1）掌握站车交接的含义。

（2）掌握站车交接的范围。

（3）掌握站车交接作业流程。

能力目标

（1）能够根据现场情况来处理站车交接的相关工作。

（2）能够应付现场出现的各种需要站车协调作业的情形。

素质目标

（1）培养安全意识、团队合作意识。

（2）培养沟通协调能力。

1. 任务内容

熟练掌握站车交接工作流程，能结合岗位进行流程的模拟训练。

2. 任务指导

1）站车交接的位置

旅客列车到站前，客运值班员应提前到达站车交接地点，列车长待列车停稳后在指定车厢下车，与客运值班员办理站车交接。

（1）普速旅客列车办理站车交接位置：一般在列车中部位置外的站台处。

（2）动车组列车办理站车交接位置：短编组动车组列车一般在 4 号、5 号车厢之间对应的站台处，长编组动车组列车一般在 8 号、9 号车厢之间对应的站台处，重联动车组列车一般在列车运行方向前组第 7 位、8 位车厢之间对应的站台处。

2）站车交接重点

（1）站车交接前，要充分预想各种可能的情况，提前预习、掌握相关规章规定。

（2）认真核对客运记录是否与事实相符，有无可疑问题，旁证材料是否齐全，内容是否无误。

（3）时刻铭记"以站保车"的要求，不得以任何理由阻碍列车开车。

（4）充分发挥车站公安部门的作用。

（5）及时拨打 120（避免出现未及时救治情况），必要时及时垫付抢救押金。

（6）必须清楚精神病旅客交接要求，与家属或列车交接精神病旅客时，必须书面签字，写明旅客信息。

3）站车重点旅客交接

（1）接到通知的特殊重点旅客。

① 值班站长：根据通知的车次、到达日期、车厢号、旅客的具体情况和服务需求（轮椅、担架、救护车、人工服务等），提前做好特殊重点旅客接站准备工作。

② 站台值班员：做好站车交接工作，认真核对好特殊重点旅客服务交接簿（以下简称"三联单"），并组织专人安全稳妥地将旅客送出站。然后将三联单交值班室，由值班室人员按其内容认真填写特殊重点旅客通报服务台账。

③ 特殊重点旅客如需中转换乘。

a）值班站长：安排旅客到特殊重点旅客休息区，指派专人协助办理购票或改签手续。

b）值班室人员：按新的日期、车次、到站、席别重新填写特殊重点旅客通报服务台账和三联单。

c）检票（站台）客运员：做好送车及站车交接工作。

（2）车上临时移交的特殊重点旅客。

① 站台值班员：列车临时移交特殊重点旅客时，通知值班站长，并按照特殊重点旅客服务交接簿中相关内容详细询问旅客信息报值班室。

② 值班站长室客运员：填写特殊重点旅客通报服务台账（遇旅客需中转时一并填写三联单）并由值班站长组织人员妥善做好出站或送车工作。

项目 6　站车协同作业

（3）交接班要求。

① 特殊重点旅客：值班站长、服务台人员分别进行重点交接，对未完成的服务在交接本上重点登记。接班人员接班时，需了解服务特殊重点旅客的未尽事宜，接班值班站长指派专人进行服务。

② 一般重点旅客：交接班人员在岗上进行交接，做到知位置、知困难，提供旅客所需服务。

③ 列车移交的特殊重点旅客：由接到特殊重点旅客的客运人员负责全程服务后，方可交班。

3. 任务准备

（1）准备物品：乘务人员制服套装、职务标志、客运记录、自制道具等。

（2）知识点归纳。

① 旅客列车到站前，_____应提前到达站车交接地点，列车长待列车停稳后在指定车厢下车，与_____办理站车交接。

② 普速旅客列车办理站车交接的位置：一般在列车的_____。

③ 时刻铭记"_____"的要求，不得以任何理由阻碍列车开车。

④ 短编组动车组列车一般在_____、_____车厢之间对应的站台处办理站车交接。

4. 任务实施

任务一：什么是站车交接？

任务二：站车交接重点包括什么？

任务三：案例分析。

2023 年 1 月 24 日 K264 次列车到达张家口车站后列车编制客运记录，移交一名突发疾病昏迷的旅客。旅客姓名李××，男，32 岁，持包头到北京硬卧车票一张，该旅客无同行人，随身携带行李箱一只，无其他物品。车站客运人员接到通知后立即拨打 120 急救电话，列车到达后车站与列车办理交接并派人随 120 救护车护送患病旅客到达医院进行救治，因该旅客身上无现金，于是车站为旅客交付急救押金。在救治过程中，车站积极与家属取得联系，后家属于 1 月 26 日赶到车站，车站向家属办理了旅客随身携带物品和退票现金的交接手续后，收回垫付的救护费用。请简述站车交接处理过程。

任务四：请按作业标准，自拟剧本，模拟站车交接作业。学生自查是否符合工作标准，小组成员互查是否符合工作规范，教师总结并评分、评价。

111

5. 任务评价

序号	考核内容	权重/%	考核评价			
			个人评价	小组评价	教师评价	得分
1	熟悉站车交接的位置	20				
2	熟悉站车交接作业流程	20				
3	正确使用交接凭证	20				
4	积极参加讨论，有团队合作意识	20				
5	学习态度及完成作业情况	20				
项目得分统计						

注：表格中的考核评价可根据任务形式不同进行不同角色的成绩评定。

学习笔记	

学习情境 6.4　重点旅客服务

学院		专业		姓名	
组长		小组成员			

知识目标

（1）了解一般重点旅客和重点旅客的含义。

（2）掌握特殊重点旅客登记簿的填写要求。

（3）掌握重点旅客的服务流程。

能力目标

（1）能够熟悉各岗位的工作职责。

（2）能够为重点旅客做好服务。

素质目标

（1）培养吃苦耐劳、乐于奉献的精神。

（2）培养安全隐患防范意识和团队协作意识。

1. 任务内容

熟悉一般重点旅客和特殊重点旅客的服务标准，并能为重点旅客提供优质的服务；熟悉并掌握动车组重点旅客站车交接服务的流程，达到动车组列车服务质量要求。

2. 任务指导

1）一般重点旅客

（1）一般重点旅客：老幼病残孕且有同行人陪同的旅客，或无需工作人员全程护送，需车站提供优先服务的旅客。

（2）无送站人员的一般重点旅客。

① 验证口客运员：要主动上前服务，正确引导其至所乘列车指定的检票口，与检票员做好交接。

② 检票客运员：检票前进行宣传，对于一般重点旅客优先安排检票进站，并通知站台值班员，必要时由检票客运员护送至站台上车。

（3）有送站人员的一般重点旅客。

① 验证口客运员：确认为重点旅客之后，允许一名送站人员进站，并告知其到候车区的服务台领取"爱心送站卡"。

② 服务台客运员：确认为重点旅客之后，按照相应规定发放"爱心送站卡"。

③ 检票口客运员：检票前进行宣传，对于一般重点旅客优先安排检票进站，送站人员凭"爱心送站卡"进站。

④ 出站口客运员：核实"爱心送站卡"后，允许送站人员出站，并收回"爱心送站卡"。对接站人员按照规定使用接站系统，提供重点旅客接站服务。

（4）对重点旅客做到"三知三有"（知座席、知到站、知困难，有登记、有服务、有交接）。

2）特殊重点旅客服务

（1）特殊重点旅客（需要特殊照顾的重点旅客）：盲人和靠辅助器具（如担架、轮椅）行动的旅客，需要工作人员特殊照顾或者全程护送的旅客。

（2）为有需求的特殊重点旅客联系到站提供担架、轮椅等辅助器具，及时办理站车交接。

（3）验证口客运员要热情上前，主动询问。验证口值班员（或派专人）将其引导到重点旅客候车区，与服务台人员进行交接，安排其到重点旅客休息室（或爱心候车区）休息。

（4）服务台客运员要认真填写重点旅客登记簿，对送站人员登记发放"爱心送站卡"。发现需与列车交接的特殊重点旅客，客运车间重点旅客服务台客运员要将重点旅客情况报告值班室。重点旅客休息室有旅客时，服务台人员要每 15 min 巡视一次，提供开水等服务等并保持卫生清洁。乘车时，要根据值班站长安排，利用担架、轮椅等服务用品对重点旅客提供必要服务。

（5）值班站长室（值班室）客运员接到服务台客运员报告或发现需与列车交接的特殊重点旅客，按照值班站长要求填写特殊重点旅客服务交接簿（三联单），并由值班站长进行签字确认。

（6）由值班站长派专人护送特殊重点旅客检票上车，同时通知站台值班员与列车长办理签字确认手续，然后将三联单的车站自存联交回值班站长室，由值班室人员在特殊重点旅客通报服务台账上登记，并通知服务台工作人员将三联单内容填记在重点旅客登记簿上。

（7）涉及交接班时间，由值班室客运员、服务台客运员分别对休息区内的特殊重点旅客按照特殊重点旅客通报服务台账所填写的内容，做好对岗交接。

3. 任务准备

（1）准备物品：动车组列车服务质量规范、客运车间重点旅客服务流程、对讲机、爱心送站卡、担架、轮椅、重点旅客登记簿、三联单、特殊重点旅客通报服务台账、站车交互终端等动车组重点旅客服务相关备品。

（2）知识点归纳。

① 对重点旅客做到"三知三有"，即_____、知到站、_____，有登记、_____、_____。

② 核实"_____"后，允许送站人员出站，并收回"_____"。

③ 检票前进行宣传，对于一般_____优先安排检票进站，并通知站台值班员，必要时由_____护送至站台上车。

④ 重点旅客休息室有旅客时，服务台人员要每_____巡视一次，提供开水等服务等并保持卫生清洁。

⑤ 发现需与_____的特殊重点旅客，客运车间重点旅客服务台客运员要将重点旅客情况报告给_____。

4. 任务实施

任务一：什么是一般重点旅客？

任务二："爱心送站卡"如何登记发放？

铁路客运组织实训工单

任务三：如何填写重点旅客登记簿？自拟旅客信息，在表 6-1 中正确填写。

表 6-1 重点旅客登记簿

_____号车

日期	车次	区间	座（铺）号	交接事项	交班人	接班人

任务四：学生以小组为单位，分岗位模拟站车进行使用辅助工具的特殊重点旅客交接的办理，各小组自行编写剧本，并完成模拟情景剧的表演。学生自查是否符合工作标准，小组成员互查是否符合工作规范，教师总结并评分、评价。

116

5. 任务评价

序号	考核内容	权重/%	考核评价			
			个人评价	小组评价	教师评价	得分
1	熟悉重点旅客服务流程	20				
2	熟悉各种岗位的工作职责	20				
3	正确填写特殊重点旅客登记簿	20				
4	积极参加讨论，有团队合作意识	20				
5	学习态度及完成作业情况	20				
项目得分统计						

注：表格中的考核评价可根据任务形式不同进行不同角色的成绩评定。

铁路客运组织实训工单

学 习 笔 记

学习情境 6.5 站车非正常情况应急处置

学院		专业		姓名	
组长		小组成员			

知识目标

（1）掌握车站非正常情况下的应急处置。
（2）掌握列车非正常情况下的应急处置。

能力目标

（1）能够做好车站非正常情况下的应急处置。
（2）能够做好列车非正常情况下的应急处置。
（3）能够处理站车交接工作，做到准确高效地解决问题。

素质目标

（1）培养临危不惧和团队合作的精神。
（2）培养面对突发情况时的判断分析能力。

1. 任务内容

掌握站车非正常情况应急处置的处理流程和标准，能结合实际情况准确高效地解决问题。

2. 任务指导

1）车站非正常情况应急处置

车站遇恶劣天气、列车停运、列车大面积晚点、启动热备车底、突发大客流、设备故障、客票（服）系统故障、火灾爆炸、重大疫情、食物中毒、作业车辆（设备）坠入股道、旅客人身伤害等非正常情况时，及时启动应急预案，掌握售票、候车、旅客滞留、高铁快运等情况，维持站内秩序，准确通报信息，做好咨询、解释、安抚等善后工作。

2）列车非正常情况应急处置

列车遇火灾爆炸、重大疫情、食物中毒、空调失效、设备故障和列车大面积晚点、停运、变更径路、启用热备车底等非正常情况时，及时启动应急预案，掌握车内旅客人数及到站情况，维持车内秩序，准确通报信息，做好咨询、解释、安抚、生活保障等善后工作。

3. 任务准备

（1）准备物品：对讲机、铁路客运服务质量规范。

（2）知识点归纳。

① 掌握售票、候车、旅客滞留、高铁快运等情况，维持_____，准确通报信息，做好_____、解释、_____等善后工作。

② 掌握车内旅客人数及到站情况，维持_____，准确通报信息，做好咨询、解释、安抚、_____等善后工作。

4. 任务实施

任务一：空调失效超过 20 min 不能恢复但列车能够正常运行时，如何处理？

项目 6　站车协同作业

任务二：2023 年 2 月 13 日，由包头开往杭州的 Z284 次列车，从南京站发出后突发供电系统故障，列车不能正常运行，全列空调系统故障，应如何处理？

任务三：恶劣天气下客运组织应急处理演练（以小组的形式完成）。
注意流程：
（1）因恶劣天气（含暴雨、大雾、大雪、冰雹、台风等）影响动车组列车正常运行，客运（客服）调度员应及时通知客运管理部门及沿线车站及滞留列车，客运管理部门应了解现场情况，指挥应急处理，站车及时告知旅客并致歉。
（2）列车长接到客运（客服）调度员或上级主管部门动车组列车受恶劣天气影响非正常运行的通知后，应立即了解车内情况，加强对重点旅客的服务。出现异常情况及时向客运（客服）调度员或上级主管部门报告。
（3）列车长应与司机或滞留地所在铁路局集团有限公司调度所客运（客服）调度员保持联系，了解相关情况，及时向旅客通报。
（4）动车组列车应备足餐食和饮用水，确保供应。
（5）需补充餐食和饮用水时，列车长应向滞留地所在铁路局集团有限公司调度所客运（客服）调度员或通过司机向列车调度员报告，由车站为动车组列车补充餐食和饮用水。各小组自行编写剧本，并完成模拟情景剧的表演。学生自查是否符合工作标准，小组成员互查是否符合工作规范，教师总结并评分、评价。

铁路客运组织实训工单

5. 任务评价

序号	考核内容	权重/%	考核评价			
			个人评价	小组评价	教师评价	得分
1	熟悉作业基本流程	20				
2	符合服务质量标准	20				
3	熟悉标准化用语	20				
4	积极参加讨论，有团队合作意识	20				
5	学习态度及完成作业情况	20				
项目得分统计						

注：表格中的考核评价可根据任务形式不同进行不同角色的成绩评定。

学习笔记	

122

项目7　客运服务礼仪

学习情境7.1　客运服务人员仪容仪表训练

学院		专业		姓名	
组长		小组成员			

知识目标

（1）熟悉女士、男士仪容修饰的方法。

（2）掌握服装搭配技巧。

能力目标

（1）能够展现仪表美。

（2）能够根据自身特点修饰自己的仪容仪表。

素质目标

（1）培养良好的服务意识。

（2）培养良好的仪容仪表习惯，具备客运服务礼仪的基本技能。

1. 任务内容

画面部淡妆；打领带；衬衣和制服套装的穿搭设计。

2. 任务指导

1）男士西服穿着规范

（1）职业装穿着规范。

① 整体要求。西服合体，熨烫平整、整洁挺括。男士穿着不求华丽、鲜艳，衣着不宜有过多的色彩变化，全身衣着大致不要超过三色。

② 衬衫选择。正装衬衫应为纯色，以浅色为主，白色最常用。衬衫领口挺括、洁净，衬衫衣领高于西服衣领 1.5 cm 左右；垂臂时，西服袖口长于衬衫袖口，抬臂时，衬衫袖口长于西服袖口 1.5 cm 左右，以显示西服层次。

③ 领带的标准。领带是西服的灵魂，在正式场合，男士要打领带，领带有单结、双结、温莎结等系法。领带长度以在皮带扣处为宜。

④ 纽扣系法。西装分单排扣和双排扣西服，单排 3 粒扣西服系上方两粒或中间一粒；两粒扣西服系上方一粒；双排扣西服的扣子全部扣上。

⑤ 西裤。西裤长度以触到脚背为宜，裤线熨烫好，裤扣扣好，拉链拉好。

⑥ 西服口袋。上衣和西裤外侧口袋尽量不放物品，名片、笔等轻薄物品可放在西服左侧内侧口袋。

⑦ 鞋袜。穿西服配黑色袜子、黑色皮鞋，鞋面清洁光亮，袜筒不宜过低。

（2）西服穿着禁忌。

一忌西裤过短；二忌衬衫放在西裤外面；三忌不扣衬衫扣；四忌抬臂时西服袖子长于衬衫袖；五忌西服的衣、裤袋内鼓鼓囊囊；六忌领带太短（一般长度为领带尖盖住皮带扣）；七忌西服上装所有扣都扣上（双排扣西服则应都扣上）；八忌西服配便鞋（休闲鞋、球鞋、旅游鞋、凉鞋等）。

2）女士职业套装和套裙

（1）职业装穿着规范。

① 上衣。上衣讲究平整挺括，较少使用饰物和花边进行点缀，纽扣应全部系上。

② 裙子。女士职业套裙以窄裙为主，年轻女性的裙子下摆可在膝盖以上 3～6 cm，但不可太短；中老年女性的裙子应在膝盖以下 3 cm 左右。裙子里面应穿着衬裙。真皮或仿皮的西装套裙不宜在正式场合穿着。

③ 衬衫。女士职业衬衫以单色为最佳之选。衬衫的下摆应掖入裙腰之内而不宜悬垂于外，也不要在腰间打结；衬衫的纽扣除最上面一粒可以系上，其他纽扣均应系好。

④ 鞋袜。鞋子应是高跟鞋或中跟鞋，乘务人员工作时以穿平底鞋为宜，款式应以简单为主。袜子应是高筒袜或连裤袜，一般不要选择鲜艳、带有网格或有明显花纹的丝袜。丝袜颜色应与西装套裙相搭配。穿西服套裙应穿肉色丝袜配正装船鞋；穿裤装应配短丝袜、船鞋。

⑤ 女士配饰。在正式场合，女士配饰要考究，不佩戴粗制滥造的饰物，要求质

项目 7　客运服务礼仪

地、做工考究，避免佩戴发光、发声、艳丽夸张的饰物。手提包、首饰、袜子、丝巾、胸花等配饰要具有整体美感。

（2）职业装穿着禁忌。

① 不要穿过于性感和暴露的服饰。

② 薄纱型衣、裙、裤，因其透光性较强，穿着时需有内衬，不然会显得十分不雅。

③ 袜子是女性腿部的时装，要注意不应穿着跳丝、有洞或补过的丝袜外出；另外，袜子的大小、松紧要合适，不要走不了几步就往下掉，或显得一高一低，当众整理袜子非常不雅。

3. 任务准备

（1）准备物品：基本的化妆品、乘务人员制服套装、帽子、工号牌、领带。

（2）知识点归纳。

① 着装的 TPO 原则中，TPO 分别代表_____、_____、_____。

② 保养皮肤有三大基本原则，即要把握_____、_____、_____。

③ 抬臂时，衬衣袖口长于西服袖口_____cm 左右，可以用白衬衫衬托西装的美观。

④ 穿着制服时应佩戴工作徽章、职务标志、号码牌别在_____胸上方，与上衣第二颗纽扣平齐。

⑤ 饰品佩戴遵循"_____"的原则，最多不超过三件。

4. 任务实施

任务一：男生进行西装领带系法的练习，并写出其中一种领带系法的步骤。

任务二：女生进行化淡妆的练习，并写出化妆时的禁忌。

任务三：图片展示。

要求：请按着装要求搭配衬衣和制服套装，学生自查着装是否符合工作标准，小组成员互查着装是否符合工作规范，教师总结并评分、评价。

5. 任务评价

序号	考核内容	权重/%	考核评价			
			个人评价	小组评价	教师评价	得分
1	熟悉化妆的基本流程	20				
2	熟悉各种领带的打法步骤	20				
3	熟悉职业装的穿着要求	20				
4	积极参加讨论，有团队合作意识	20				
5	学习态度及完成作业情况	20				
项目得分统计						

注：表格中的考核评价可根据任务形式不同进行不同角色的成绩评定。

学习笔记	

学习情境 7.2　客运服务人员表情训练

学院		专业		姓名	
组长		小组成员			

知识目标

（1）理解微笑是最基本的礼仪的含义。

（2）理解不同类型的眼神所产生的不同意义。

（3）掌握微笑的基本方法。

能力目标

（1）能够在服务中正确使用眼神。

（2）能够用最美的微笑服务他人。

素质目标

（1）培养良好的服务意识。

（2）树立微笑服务应从心开始的理念。

1. 任务内容

眼神注视与微笑的基本练习方法。

2. 任务指导

1）眼神的运用

（1）注意眼神注视的部位。

① 对方的双眼。

② 对方的面部。

③ 对方的全身。

④ 对方的局部。

（2）注意眼神注视的角度。

正视对方、平视对方、仰视对方。

（3）注意眼神兼顾多方。

面对多人时，注意眼神兼顾多方。

2）得体的微笑

（1）得体微笑的四要素。

① 要笑得自然。

② 要笑得真诚。

③ 微笑要看场合。

④ 微笑的程度要合适。

（2）微笑的基本方法。

微笑的动作要领。一要收缩额部肌肉，眉位提高，放松眼轮匝肌；二要收缩两侧颊肌和颧肌，肌肉稍稍隆起；三要收缩面部两侧笑肌，并略向下拉伸，放松口轮匝肌；四要嘴角含笑并微微上提，嘴角似闭非闭，以不露牙齿或仅露不到半牙为宜，尤其是不要露出牙龈；五要面含笑意，但笑容不显著，使嘴角微微向上翘起时，嘴唇略显弧形；六要注意不要牵动鼻子；七要不发出笑声。微笑根据情境可以分为一度微笑、二度微笑和三度微笑。

3. 任务准备

（1）准备物品：镜子、筷子、计时器。

（2）知识点归纳。

① 视线的把握，关键是目光注视的角度。视角可分为三种：_____、_____、_____。

② 露出_____颗牙齿的微笑最美丽。

③ 当目光注视某一较小范围超过_____秒，称之为凝视。

④ 笑容有很多种：大笑、_____、偷笑、冷笑、嘲笑、怪笑等。

⑤ 俗话说："_____，眉毛会唱歌。"

4. 任务实施

任务一：学生两人一组，准备镜子和筷子进行微笑和眼神练习。

（1）对镜微笑训练法。

为了获得更好的训练效果，可播放较欢快的背景音乐。训练时，着装整洁地端坐镜前，放松心情，调整呼吸，静下心来 3 s，开始微笑。双唇轻闭，使嘴角微微翘起，舒展面部肌肉；注意眼神的配合，使整个面容协调。如此反复多次。

（2）模拟微笑训练法。

① 轻合双唇。

② 两手食指伸出，指尖对接，放在嘴前 15～20 cm 处。

③ 让两手食指指尖缓慢、匀速地分别向左右两侧移动，使之拉开 5～10 cm 的距离，同时随着两手食指的移动同步加大唇角的展开度，并在意念中形成美丽的微笑，让微笑停留数秒。

④ 两手食指缓慢、匀速地向中间靠拢，直至指尖相接，同时，微笑的唇角随两手指移动的速度缓缓收回。

任务二：学生两人一组，准备镜子和筷子进行眼神练习。

（1）眼神注视的部位训练。

① 注视对方的双眼。注视对方的双眼表示自己正全神贯注地听对方讲话，在问候对方、听取诉说、征求意见、强调要点、表示诚意、向人道歉或与人道别时，也应注视对方的双眼，但时间不宜过长，一般以 3～5 s 为宜。

② 注视对方的面部。最好是注视对方的眼鼻三角区，而不要聚集于一处，以散点柔视为宜。

③ 注视对方的全身。与服务对象相距较远时一般应当以对方的全身为注视点。

④ 注视对方的局部。在客运服务工作中，须根据实际需要注视服务对象的某一部位，例如在递接物品时，应注视服务对象的手部。

（2）眼神注视的角度训练。

① 正视对方。在注视他人时，与之正面相向，同时还须将上身前部朝向对方，以表示尊重对方。

② 平视对方。在注视他人时，双方眼神处于相似高度，表现出双方地位平等。

③ 仰视对方。在注视他人时，本人所处位置比对方低，则需抬头向上仰望对方，可给对方尊重、信任之感。

任务三：客运服务人员在进行眼神训练时，应注意哪些问题？

铁路客运组织实训工单

5. 任务评价

序号	考核内容	权重/%	考核评价			
			个人评价	小组评价	教师评价	得分
1	微笑表情到位	20				
2	眼神注视正确	20				
3	表情神态自然	20				
4	小组成员合作完成任务情况	20				
5	学习态度及完成作业情况	20				
项目得分统计						

注：表格中的考核评价可根据任务形式不同进行不同角色的成绩评定。

学习笔记	

学习情境 7.3 客运服务人员站姿训练

学院		专业		姓名	
组长		小组成员			

知识目标

（1）掌握服务岗位中的基本站姿要求。

（2）了解站姿的禁忌。

（3）了解不同场景下的站姿要求。

能力目标

（1）能够掌握基本站姿的规范。

（2）能够在不同场景下运用不同的站姿。

（3）能够展现站姿的仪态美。

素质目标

（1）培养良好的服务意识。

（2）培养良好的仪容、仪态、仪表习惯。

（3）培养较高的服务水准，善于与旅客进行沟通。

1. 任务内容

客运服务人员的基本站姿规范练习。

2. 任务指导

（1）站姿的基本要求。

基本站姿指人们在自然直立时所采用的标准姿势。其动作标准是正和直，主要特点是头正、肩正、身正；颈直、背直、腰直、腿直。

（2）站姿要领。

站立时头部平视前方，收下颚，面带微笑，颈部挺直，双肩舒展，腹部自然收拢，腰部直立，臀部上提，双臂自然下垂，双腿并拢立直。

（3）工作中不同的站姿方式。

不同的工作岗位对站姿有不同的要求，但任何一种形式的站姿都是在基础站姿的基础上变化而成的，客运服务人员在实际工作中可选择合适的站姿形式来为旅客服务。服务过程中常见的站姿有以下几种。

① 垂放站姿。

双臂自然下垂，双手中指分别放于裤缝或裙缝处，手指自然放松，适用于训练标准体态时使用，或在接受重要领导审查、检阅时采用。

② 前搭手位站姿。

双手四指并拢，右手在外，左手在内，将右手食指放于左手指根处，并将拇指放于手心处。前搭手位站姿是工作时运用最多的站姿体态，一般与旅客交流时都采用前搭手位站姿。

③ 后搭手位站姿。

男士右手在外，左手在内，双脚打开，双脚的距离不超过自己肩的宽度。客运服务人员在巡视时可运用后搭手位站姿。

（4）站姿禁忌。

① 头部歪斜，左顾右盼。

② 高低肩、含胸或过于挺胸。

③ 双手插兜或叉腰，双肩抱于胸前。

④ 腰背罗锅，弯曲，小腹前探。

⑤ 腿部抖动交叉过大，膝盖无法收拢。

3. 任务准备

（1）准备物品（场地）：书本、镜子、形体房。

（2）知识点归纳。

① 站姿的基本标准是_____和_____。

② 男性客运服务人员的站姿有_____、_____、_____。

③ 女性客运服务人员的站姿有_____、_____、_____。

④ 站姿的禁忌有：_____、_____、_____等。

项目 7　客运服务礼仪

⑤　女士站立时，双脚一前一后站成"_____"步。

4. 任务实施

进行站姿训练时，身体可以靠墙，后脑勺、双肩、臀部、小腿及脚后跟都紧贴墙壁站立。

任务一：背靠背训练。两人一组，背靠背站立，互相将后脑勺、双肩、臀部、小腿及脚后跟靠紧，并在两个人的肩部、小腿等相靠处各放一张纸片，不能让纸片掉下来。把练习中遇到的问题记录下来。

任务二：头顶书本训练。颈部自然伸直，下巴向内收，上身挺直，目光平视，面带微笑，把书本顶在头顶，使书本不要掉下来，头、身躯保持平衡。把练习中遇到的问题记录下来。

任务三：对镜训练。面对镜子，检查自己的站姿及整体形象，发现问题及时纠正。把练习中遇到的问题记录下来。

铁路客运组织实训工单

5. 任务评价

序号	考核内容	权重/%	考核评价			
			个人评价	小组评价	教师评价	得分
1	基本站姿	20				
2	垂放站姿	20				
3	前搭手位、后搭手位站姿	20				
4	小组成员合作完成任务情况	20				
5	学习态度及完成作业情况	20				
项目得分统计						

注：表格中的考核评价可根据任务形式不同进行不同角色的成绩评定。

学习笔记	

134

学习情境 7.4　客运服务人员走姿训练

学院		专业		姓名	
组长		小组成员			

知识目标

（1）掌握服务岗位的基本走姿要求。

（2）了解走姿的禁忌。

（3）了解不同场景下的走姿要求。

能力目标

（1）能够掌握基本走姿的规范。

（2）能够在不同场景下运用不同的走姿。

（3）能够展现走姿的仪态美。

素质目标

（1）培养良好的服务意识。

（2）培养良好的仪容、仪态、仪表习惯。

（3）培养较高的服务水准，善于与旅客进行沟通。

1. 任务内容

开展走姿规范训练，自纠错误，直至形成习惯。

2. 任务指导

1）身直

行走时，头正挺胸，上身应保持挺拔的身姿，两腿直立不僵。

2）步位直

大腿带动小腿，两脚尖略张开，脚跟先着地，走出的轨迹要在一条直线上。女性走一字步，男性走平行步。

3）步幅适度

行走中两脚落地的距离大约为一只脚的长度，即前脚的脚跟距后脚的脚尖距离为一只脚的长度，步幅的大小应根据性别、身高、着装与场合的不同而有所调整。

女性在穿裙装、旗袍或高跟鞋时，步幅应小一些；相反，穿休闲长裤时步伐就可以大些，凸显穿着者的靓丽与活泼。

4）步速平稳

行进的速度应当保持均匀、平稳，不要忽快忽慢，在正常情况下，步速应自然舒缓。

3. 任务准备

（1）准备物品（场所）：形体房、镜面墙。

（2）知识点归纳。

① 铁路客运服务中女客运员行走时，_____带动_____小腿。

② 铁路客运服务中女客运员行走时，走_____字步。

4. 任务实施

任务一：摆臂训练。

要求：身体直立，以肩为轴，双臂自然摆动。注意摆动的幅度。把练习中遇到的问题记录下来。

任务二：步位步幅训练。

要求：在地上画一条直线，行走时检查自己的步位和步幅是否正确。把练习中遇到的问题记录下来。

任务三：稳定性练习。

要求：将书本放在头顶中心，保持行走时头正、颈直、目不斜视。

任务四：协调性训练。

配以节奏感较强的音乐，行走时注意掌握好走路的速度、节拍，保持身体的平衡，双臂摆动自然，动作协调。把练习中遇到的问题记录下来。

5. 任务评价

序号	考核内容	权重/%	考核评价			
			个人评价	小组评价	教师评价	得分
1	走姿摆臂到位	25				
2	步位步幅到位	25				
3	走姿稳定性到位	25				
4	小组成员合作完成任务情况	15				
5	学习态度及完成作业情况	10				
项目得分统计						

注：表格中的考核评价可根据任务形式不同进行不同角色的成绩评定。

铁路客运组织实训工单

学习笔记

学习情境 7.5　客运服务人员坐姿训练

学院		专业		姓名	
组长		小组成员			

知识目标

（1）掌握服务岗位中的基本坐姿要求。
（2）了解坐姿的禁忌。
（3）了解不同场景下的坐姿要求。

能力目标

（1）能够掌握基本坐姿的规范。
（2）能够在不同场景下运用不同的坐姿。
（3）能够展现坐姿的仪态美。

素质目标

（1）培养良好的服务意识。
（2）培养良好的仪容、仪态、仪表习惯。
（3）培养较高的服务水准，善于与旅客进行沟通。

铁路客运组织实训工单

1. 任务内容

进行坐姿规范训练，能自纠错误，直至形成习惯。

2. 任务指导

坐姿不仅包括坐的静态姿势，同时还应包括入座和离座的动态姿势，"入座"是坐的"序幕"，"起坐"是坐的"尾声"。

（1）入座时要轻稳。走到座位前转身后，右脚向后退半步，然后轻稳坐下，再把右脚与左脚并齐。如是女士，入座时应先背对着自己的座椅站立，右脚后撤，使右脚确认椅子的位置，再整理裙边；挺胸，双膝自然并拢，双腿自然弯曲，双肩自然平正放松，两臂自然弯曲；双手自然放在双腿上或椅子、沙发扶手上，掌心向下。

（2）臀部坐在椅子 1/2 或者 2/3 处，两手分别放在膝上（女士双手可叠放在左膝或右膝），双目平视，下颌微收，面带微笑。

（3）离座时要自然稳当，右脚向后收半步，然后起立，起立后右脚与左脚并齐。

3. 任务准备

（1）准备物品：椅子、镜子。

（2）知识点归纳。

① 臀部坐在椅子_____或者_____处。

② 走到座位前转身后，右脚_____退半步，然后轻稳坐下，再把右脚与左脚_____。

③ 离座时要自然稳当，右脚_____收半步，然后起立，起立后右脚与左脚并齐。

4. 任务实施

任务一：两人一组，面对面进行坐姿练习，并指出对方的不足。把练习中遇到的问题记录下来。

任务二：坐在镜子面前，按照坐姿的要求进行自我纠正，重点检查手位、脚位、腿位。把练习中遇到的问题记录下来。

5. 任务评价

序号	考核内容	权重/%	考核评价			
			个人评价	小组评价	教师评价	得分
1	坐姿手位正确	20				
2	坐姿腿位正确	20				
3	离座动作标准	20				
4	小组成员合作完成任务情况	20				
5	学习态度及完成作业情况	20				
项目得分统计						

注：表格中的考核评价可根据任务形式不同进行不同角色的成绩评定。

铁路客运组织实训工单

学
习
笔
记

学习情境 7.6 客运服务人员蹲姿训练

学院		专业		姓名	
组长		小组成员			

知识目标

（1）掌握服务岗位中的基本蹲姿要求。
（2）了解蹲姿的禁忌。
（3）了解不同场景下的蹲姿要求。

能力目标

（1）能够掌握基本蹲姿的规范。
（2）能够在不同场景下运用不同的蹲姿。
（3）能够展现蹲姿的仪态美。

素质目标

（1）培养良好的服务意识。
（2）培养良好的仪容、仪态、仪表习惯。
（3）培养较高的服务水准，善于与旅客进行沟通。

1. 任务内容

进行蹲姿规范训练，能自纠错误，直至形成习惯。

2. 任务指导

蹲姿也应当是优美典雅的。在取低处物品或拾取落地物品时，切不可弯腰翘臀，而应使用蹲姿。

（1）单膝点地式蹲姿：下蹲后一腿弯曲，另一条腿跪着。臀部坐在脚跟上，以脚尖着地，另外一条腿应全脚着地，小腿垂直于地面，双腿应尽力靠拢。

（2）交叉式蹲姿：下蹲时右脚在前，左脚在后，右小腿垂直于地面，全脚着地。左膝由后面伸向右侧，左脚跟抬起，脚掌着地。两腿靠紧，合力支撑身体。臀部向下，上身稍前倾。

（3）高低式蹲姿：下蹲时右脚在前，左脚稍后，两腿靠紧向下蹲。右脚全脚着地，小腿基本垂直于地面，左脚脚跟提起，脚掌着地。左膝低于右膝，左膝内侧靠于右小腿内侧，形成右膝高左膝低的姿态，臀部向下，基本以左腿支撑身体。

3. 任务准备

（1）准备物品：纸，瓶子（或其他拾物用品）。

（2）知识点归纳。

① 蹲姿适用的场合为：_____、_____、_____和_____。

② 常用蹲姿可以分为_____、_____和_____三种。

4. 任务实施

任务一：蹲姿训练。

（1）面对镜子进行训练。

（2）练习在行进过程中捡拾物品。

任务二：创编礼仪操。

按照仪态礼仪中站姿、坐姿、走姿、蹲姿、微笑等动作，以小组为单位创编形体仪态组合展示方案。要求有背景音乐，时间在 5 min 左右。至少有 4 种队形变化。学生以 8 人为一组进行展示，学生自评，小组成员互评，教师总结，并评分、评价。

项目 7　客运服务礼仪

5. 任务评价

序号	考核内容	权重/%	考核评价			
			个人评价	小组评价	教师评价	得分
1	蹲姿展示标准	20				
2	进行礼仪操展示时仪态优美	30				
3	礼仪操编排合理	20				
4	小组成员合作完成任务情况	20				
5	学习态度及完成作业情况	10				
项目得分统计						

注：表格中的考核评价可根据任务形式不同进行不同角色的成绩评定。

铁路客运组织实训工单

学 习 笔 记

学习情境 7.7　客运服务沟通礼仪训练

学院		专业		姓名	
组长		小组成员			

知识目标

（1）掌握客运服务沟通的特点。

（2）掌握客运服务沟通的注意事项。

（3）掌握客运服务沟通的技巧。

能力目标

（1）能够在不同的场合运用不同的沟通方式。

（2）能够掌握基本的沟通技巧。

素质目标

（1）培养良好的服务意识。

（2）培养良好的礼仪素养。

1. 实训内容

就客运服务人员与旅客交谈、倾听的礼仪规范及技巧进行训练。

2. 任务指导

1）有效沟通的特点

（1）及时、准确、清晰。

（2）双向、多层面沟通。

2）有效沟通的关键

（1）端正服务沟通的心态。

（2）避免服务沟通的障碍。

3）服务沟通的技巧

（1）态度谦和。

（2）懂得赞美。

（3）换位思考。

（4）委婉表达。

（5）善于倾听。

（6）把握旅客心理。

3. 任务准备

（1）准备物品：对讲机，情景道具。

（2）知识点归纳。

① 有效沟通的特点：_____、_____。

② 有效沟通的关键：_____、_____。

③ 服务沟通的技巧有_____、_____、_____、

_____、_____、_____。

4. 任务实施

任务一：结合实际工作，谈谈你对旅客沟通技巧的理解。

项目 7 客运服务礼仪

任务二：情景演练。

案例一：某日，某次列车已经停止检票进站时，有一位旅客急匆匆赶来并要求检票进站，声称自己家中有急事，必须乘坐此次列车。遇到此种情况应如何处理？请扮演检票口客运员的角色，模拟演练。

案例二：某日，旅客在某站出站时，携带两个大的箱子，抬下楼梯不方便，此时电梯运行方向是一楼到二楼。于是询问客运服务人员："可否将二楼到一楼的电梯向下开？"该客运服务人员回答："不行，我们有规定，我也没办法。"旅客不得不将箱子从二楼搬到一楼，该客运服务人员笑看着旅客。遇到此种情况值班站长应如何处理？请扮演角色，模拟演练。

要求：

（1）以小组为单位分别进行案例一、二的模拟演练。

（2）根据设定的模拟场景及环节，进行沟通训练，重点展示客运服务沟通礼仪规范及沟通技巧。

（3）每个小组完成练习后，由教师进行点评。

铁路客运组织实训工单

5. 任务评价

序号	考核内容	权重/%	考核评价			
			个人评价	小组评价	教师评价	得分
1	沟通技巧掌握情况	20				
2	情景案例的处置情况	20				
3	服务语言的运用情况	20				
4	团队配合情况	30				
5	学习态度及完成作业情况	10				
项目得分统计						

注：表格中的考核评价可根据任务形式不同进行不同角色的成绩评定。

学习笔记	

学习情境 7.8　客运服务用语训练

学院		专业		姓名	
组长		小组成员			

知识目标

（1）掌握规范的客运服务礼貌用语。
（2）理解客运服务人员使用礼貌用语的意义。

能力目标

（1）能够使用礼貌用语。
（2）能够运用规范的服务语言与旅客交流。

素质目标

（1）培养良好的职业素养，为旅客提供更好的服务。
（2）培养严谨的工作态度，为旅客提供高品质的服务。

151

1. 任务内容

熟练运用常用礼貌用语；进行规范的服务语言礼仪练习。

2. 任务指导

1）礼貌用语

客运服务岗位的基本礼貌用语可归纳为10个字："您好、请、谢谢、对不起、再见"。

在服务过程中，应当尽可能多地使用礼貌用语与旅客交流。应当做到"五声"服务：旅客来时有迎客声；遇到旅客有称呼声；受人帮助有致谢声；麻烦旅客有道歉声；旅客离去有送客声。如此一来，能够体现客运服务人员的热情，旅客能够获得"被重视、被关注"的优越感。

客运服务人员应当遵循"请字开路，谢谢压阵，对不起不离口"的语言规范原则。"请"字开头，能够充分表达对旅客的尊重。"谢谢"压阵则是通过表达客运服务人员的感谢之情来获得旅客好感，增进双方的情感共鸣。"对不起"不离口，不是说服务人员不断出现工作失误而向客人道歉。"对不起"不是责任的划分和追究，只是客运服务人员对歉意的一种表达。当其他旅客的疏忽导致旅客的利益受到损失，或是由于列车晚点致使旅客不能按时到达目的地，或是由于列车、车站的设备设施不够人性化，或是设备设施的原因导致旅客意外受伤等情况发生时，我们的客运服务人员都应当有主动承担责任的服务意识，应当立即向受到损失、伤害的旅客表示道歉。

2）客运服务广播用语

铁路客运服务广播用语是铁路客运服务用语的重要组成部分。大多数旅客在接受铁路客运服务时，更多的是依赖车站或列车上的广播词确定铁路服务的重要信息。因此，清晰、准确、及时地运用客运服务广播用语是确保铁路客运服务质量的基本要求。

清晰，是指广播词简单明了，表达的意思通俗易懂，播音员使用标准普通话并且吐字清晰、表述精练。

准确，是指广播词不能带来歧义，特别是涉及列车故障、安全事故和旅客具体行程信息的广播词，更是要准确无误。

及时，是指广播的时刻应当能够满足提前通知、预警提示、解释声明等信息传递的需要，能够确保客运服务人员与旅客顺畅沟通。

3. 任务准备

（1）准备物品：话筒（广播系统）、情景剧道具。

（2）知识点归纳。

① 客运服务人员与服务对象进行交谈时，经常使用的"十字"礼貌用语有：_____、_____、_____、_____、_____。

② 客运服务人员在与人交谈时，应当回避_____、_____、

_____、_____、_____等五种不雅之语。

③ 客运服务人员为旅客服务时,要对对方的私事做到"七不问",即_____、_____、_____、_____、_____、_____、_____。

④ 对重点旅客做到"三知""三有",其中,"三知"为:_____、_____、_____;"三有"为_____、_____、_____。

4. 任务实施

任务一:客运服务岗位的常用礼貌用语有哪些?

任务二:案例分析题。

某日,一位妈妈带着孩子在站台等候上车。孩子刚喝完饮料,妈妈随手将饮料瓶扔到了地上,给孩子擦完嘴后,又随手将纸巾扔在了地上。此时,站台客运员上前制止,要求女旅客将饮料瓶和纸巾扔进垃圾桶里。女旅客回答说自己不是故意的,而且身旁没有垃圾桶,不愿意捡拾垃圾。站台客运员在一旁嘀咕说:"真没素质,孩子还在身边呢,以后怎样教育孩子。"女旅客被激怒,和站台客运员争吵了起来……

你如何看待这次事件中站台客运员的工作表现?你认为站台客运员应当如何正确地处理旅客的违规行为?

任务三：广播用语情境训练。

模拟播报车站宣传用语和动车组始发开车后广播词，教师进行点评。

（1）宣传用语。

各位旅客，大家好！欢迎您来到本站候车，今天是×月×日星期×，现在为您服务的是客运×班的全体工作人员。在工作中我们将坚持热情诚信，旅客至上的服务理念，为您提供安全、便利、快捷、优质的服务。您在候车时，遇到困难，有求助的需要，请找身边的工作人员，我们随时服务在您身边为您排忧解难。您对我们的工作有什么意见和建议，欢迎您向我们提出，以便我们改进工作，更好地为您服务。希望我们真诚的服务给您留下美好的回忆。祝您旅途愉快，一路平安。

（2）动车组始发开车后的广播词。

女士们、先生们：

欢迎你乘坐和谐号动车组，本次列车是由××开往××的××次列车，中途在××站……××站停车，列车全程走行××千米，运行×小时×分，到达××站的时间是×点×分。为了方便您的旅行，下面向您介绍一下列车的概况及乘车安全注意事项。

本次和谐号动车组共由8节车厢组成，1号和8号车厢为一等座车，2号至7号车厢为二等座车。6号车厢有餐吧，可为您提供送餐服务。在7号车厢设有残疾人卫生间和婴儿整理台。在每节车厢的两端设有电动隔离门，您通过时只需按下黄色按钮，电动隔离门便会自动打开。另外在每节车厢的一端设有大件行李存放处、电茶炉、卫生间。卫生间使用真空集便器，请不要向真空集便器内投扔卫生纸等杂物。

列车运行中请您不要在车门处停留；车厢两端的红色紧急制动拉手、红色安全锤供紧急情况下使用，请您不要随意触碰；本趟列车全程禁烟，请您不要吸烟，谢谢合作。列车全体乘务人员祝您旅途愉快！

5. 任务评价

序号	考核内容	权重/%	考核评价			
			个人评价	小组评价	教师评价	得分
1	案例分析准确	30				
2	使用普通话播报，表达清晰	20				
3	播报的语音、语调、语速规范	20				
4	仪态端庄大方	20				
5	学习态度及完成作业情况	10				
项目得分统计						

注：表格中的考核评价可根据任务形式不同进行不同角色的成绩评定。

铁路客运组织实训工单

学习笔记

学习情境 7.9 旅客投诉处理训练

学院		专业		姓名	
组长		小组成员			

知识目标

（1）掌握与旅客沟通的技巧。

（2）掌握处理投诉的一般流程与方法。

（3）掌握处理投诉的基本原则。

能力目标

（1）能够得体地与旅客交流。

（2）能够熟练、自如地应对旅客的咨询。

（3）能够处理旅客的投诉。

素质目标

（1）培养较强的语言组织和沟通能力。

（2）培养良好的职业道德素养，帮助旅客解决问题。

1. 任务内容

运用处理旅客投诉的基本原则进行投诉处理练习。

2. 任务指导

（1）处理投诉的基本原则。

① 以人为本的原则。

② 迅速解决问题的原则。

③ 正确理解责任的原则。

（2）处理投诉的方法是用心倾听、真诚道歉、协商解决、采取行动、感谢旅客。

3. 任务准备

（1）准备物品（场地）：实训室（模拟车站、列车环境）。

（2）知识点回顾。

① 处理旅客投诉的原则主要包括：_____、_____、_____、_____、_____。

② 按表达方式，投诉有三种：_____、_____、_____。

③ 按性质，投诉可分为_____和_____。

④ 无论有没有道理，都要牢记"旅客投诉都是_____"。

4. 任务实施

任务一：情景模拟。

早上列车员查验旅客身份证的时候，表情冷漠，语气不耐烦，由于一名旅客没有拿稳身份证，身份证掉在了地上，这时，列车员很不情愿地帮旅客捡了起来，并转身说了一句："跟个残疾人一样。"旅客心里很不是滋味。列车员并没有真诚地道歉，最后，旅客向列车长投诉了列车员。作为列车长，该如何接待这位抱怨的旅客？

要求：

（1）两人一组，一人扮演抱怨的旅客，一人扮演列车长。在演练中，可加入一些适当的情节。

（2）每组演练结束后，小组成员进行点评。

（3）教师总结并进行点评。

任务二：案例分析。

在开往广州方向的列车上，一位家长的三个孩子在卧铺车厢中乱扔垃圾，列车员说："看好小孩，不要乱扔垃圾。"家长说："小孩太小，我管不了。"列车员接着说："就是太小，才要让他们从小养成一个好习惯，不然长大了怎么教？"家长继续说："我们不乱扔垃圾，你就下岗了！你就是一个扫地的！"列车员反驳说："我现在下岗了，你自己开门下车吧！"被列车员反驳后家长无言以对，恼羞成怒并投诉。

旅客投诉后，该列车员因"在工作中发生严重损害职务形象的行为"被客运段处以段内通报批评的处罚。对于这样的处理结果，谈谈你的看法？

铁路客运组织实训工单

5. 任务评价

序号	考核内容	权重/%	考核评价			
			个人评价	小组评价	教师评价	得分
1	在模拟演练中使用的处理投诉的方法得当有效	30				
2	服务用语符合规范	20				
3	工作流程符合规范	20				
4	团队配合情况	15				
5	学习态度及完成作业情况	15				
项目得分统计						

注：表格中的考核评价可根据任务形式不同进行不同角色的成绩评定。

学习笔记	

160

项目8　旅客运输计划

学习情境 8.1　客流量预测

学院		专业		姓名	
组长		小组成员			

知识目标

（1）掌握客运量预测的含义、任务及内容。
（2）掌握趋势外延法的相关知识。

能力目标

（1）能够运用多种方法进行客流调查。
（2）能够根据趋势外延法对客运量进行预测和分析。

素质目标

（1）培养一定的绘图能力，具有较好的职业素养。
（2）培养严谨的工作态度。

1. 任务内容

完成客流量的预测实训。

2. 任务指导

客运量预测是编制旅客运输计划不可缺少的前期步骤。各种预测方法不是互相排斥的，而是可以结合运用、互相验证、互为补充的。

客流是运输组织工作的基础，是编制旅客运输计划的依据，而摸清客流又是一项比较复杂的工作，因为大部分客流是基于个人旅行需要而自然形成的，但它又受一系列社会因素的影响。客流调查以影响客流发展与变化的主要因素为调查对象，同时，要确切地掌握一定时间的客流数量和客流变化规律。

3. 任务准备

（1）准备物品：铅笔、计算机、绘图工具。

（2）知识点归纳。

① 客流调查分为综合调查、＿＿＿＿＿＿＿和＿＿＿＿＿＿＿三种。

② 客流调查以＿＿＿＿＿＿＿＿＿＿＿＿＿＿＿＿的主要因素为调查对象。

③ ＿＿＿＿＿＿＿＿＿是编制旅客运输计划不可缺少的前期步骤。

4. 任务实施

朝阳站历年实际客运量如表 8-1 所示。

表 8-1　朝阳站历年实际客运量

年　　份	客运发送量/万人
第 1 年	151.04
第 2 年	160.10
第 3 年	167.95
第 4 年	176.68
第 5 年	184.65
第 6 年	191.91
第 7 年	199.73
第 8 年	208.55

任务：根据上述资料求解下列问题。

（1）试用时间序列法分别预测第 9、10、11 年的客运量，取 $n=3$ 年，并将预测值填于表 8-2 中。计算时保留两位小数，第三位四舍五入。

项目 8　旅客运输计划

表 8–2　客运量动态数列表

年份	Y_t^K/万人	M_t^1 $n=3$	M_t^2 $n=3$	a	b	$\hat{Y}_K$	$\dfrac{\hat{Y}^K - Y^K}{Y^K}$

（2）计算朝阳站第 9 年的日均客运发送量，并根据历年客运发送量百分比（见表 8–3），在表 8–4 中按去向列出第 9 年日均客运发送量。

表 8–3　历年客运发送量百分比　　　　　　　　　单位：万人

发站＼到站	红星	青云	五洲	东方
朝　阳	58.55	17.94	13.55	9.96

表 8–4　第 9 年日均客运发送量

发站＼日均发送量/万人	合计	红星 58.55%	青云 17.94%	五洲 13.55%	东方 9.96%
朝阳					

163

5. 任务评价

序号	考核内容	权重/%	考核评价			
			个人评价	小组评价	教师评价	得分
1	计算过程完整	25				
2	计算数据正确	25				
3	判断依据正确	25				
4	学习态度及完成作业情况	25				
项目得分统计						

注：表格中的考核评价可根据任务形式不同进行不同角色的成绩评定。

学习笔记	

学习情境 8.2　客流斜线表、客流图的绘制

学院		专业		姓名	
组长		小组成员			

知识目标

（1）掌握客流斜线表的绘制。
（2）掌握客流图的绘制。

能力目标

（1）能够编制客流斜线表。
（2）能够编制客流图。

素质目标

（1）培养一定的绘图能力，具有较好的职业素养。
（2）培养严谨的工作态度。

1. 任务内容

绘制客流斜线表和客流图。

2. 任务指导

为了平衡旅客运输量与运输能力，进而制订客运机车车辆工作量计划，必须编制客流图。中国国家铁路集团有限公司在下达编制客流图任务的同时，即公布全路直通客流区段（管内客流区段由铁路局集团有限公司自定）和规定的客流月。所谓客流月，就是中国国家铁路集团有限公司指定作为统计客流的某个月份，一般情况下采用客运量需求较大的月份。所谓客流区段，是指客流的到达区段，它不同于列车运行区段和机车牵引区段，其长度按客流密度的变化情况而定。凡各大城市之间，客流密度大致相同的地点，衔接几个铁路方向的大型客运站及各铁路局集团有限公司间的分界站都是划分客流区段的始发和终到站。

各个铁路局集团有限公司的统计部门按铁路客货运输统计规则的要求，提交客流月的直通、管内分区段的发送旅客流向统计资料。客运部门根据分区段的旅客流向统计资料，按日平均数编制客流图。

客流图分直通、管内两种。直通客流图是由一个铁路局集团有限公司所属各客流区段产生的客流，经过一个或几个铁路局集团有限公司间分界站到达他局集团有限公司客流区段的客流图解来表示。

管内客流图由铁路局集团有限公司管内各客流区段产生，其编制方法与直通客流图不同，一般是先作客流斜线表，后编管内客流图。

3. 任务准备

（1）准备物品：铅笔、计算机、绘图工具。

（2）知识点归纳。

① 按旅客的乘车距离和铁路局集团有限公司管辖范围，一般将客流分为以下两种：_____和_____。

② 普通旅客快、慢列车由_____位数字组成。

③ _____，就是中国国家铁路集团有限公司指定作为统计客流的某个月份，一般情况下采用客运量需求较大的月份。

4. 任务实施

（1）已知条件。

① 某线路有四个客流区段，其营业里程如图 8-1 所示。

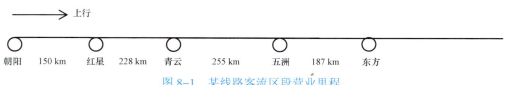

图 8-1　某线路客流区段营业里程

② 管内旅客发到量如下：

朝阳站发送	到达红星站	3 416 人
	青云站	1 061 人
	五洲站	801 人
	东方站	589 人
红星站发送	到达朝阳站	1 299 人
	青云站	2 971 人
	五洲站	1 865 人
	东方站	1 097 人
青云站发送	到达朝阳站	951 人
	红星站	396 人
	五洲站	3 404 人
	东方站	1 936 人
五洲站发送	到达朝阳站	1 445 人
	红星站	1 355 人
	青云站	1 076 人
	东方站	4 759 人
东方站发送	到达朝阳站	2 166 人
	红星站	2 022 人
	青云站	1 476 人
	五洲站	2 599 人

（2）根据上述条件求解下列问题。

① 编制管内客流斜线表（见表 8–5）。

表 8–5　管内客流斜线表

到站\发站	距离/km	朝阳	红星	青云	五洲	东方	上行	下行	总计
朝阳									
红星									
青云									
五洲									
东方									
上行									
下行									
总计									

② 绘制管内客流图。

铁路客运组织实训工单

5. 任务评价

序号	考核内容	权重/%	考核评价			
			个人评价	小组评价	教师评价	得分
1	计算过程完整	20				
2	计算数据正确	20				
3	绘图美观正确	20				
4	判断依据正确	20				
5	学习态度及完成作业情况	20				
项目得分统计						

注：表格中的考核评价可根据任务形式不同进行不同角色的成绩评定。

学习笔记	

项目 9　铁路客运相关知识题

一、判断题（第 1 题～第 20 题。将判断结果填入括号中。正确的填"√"，错误的填"×"。每题 1 分，满分 20 分。）

1.（　　）广播员必须经过电务部门的系统培训，获得机械操作合格证后方可上机。

2.（　　）车站对列车移交或本站发现的无票乘车而又拒绝补票的人员应追补应收和加收的票款，不收手续费。

3.（　　）铁路行车有关人员，接班前须充分休息，严禁饮酒，如有违反，立即停止其所承担的任务。

4.（　　）车辆按用途分为客车和货车。

5.（　　）要维护好车站秩序，合理地使用天桥、地道。严禁旅客钻车和横跨股道并随时清理站内滞留人员。

6.（　　）经领导批准探亲假分两次使用的职工，第二次探亲时也可填发探亲乘车证。

7.（　　）车站候车室和工作室都应安装电扇、排风扇，条件具备可安装冷风或空调设备。

8.（　　）迎送列车时足踏白线，目迎目送，以列车进入站台开始、开车铃响为止。

9.（　　）行李包裹运价的计算重量以 5 千克为单位，不足 5 千克按实际重量计算。

10.（　　）铁路有效乘车凭证专指车票。

11.（　　）每一成人旅客可免费携带一名年龄不超过 7 岁的儿童，超过一名时，超过的人数应买儿童票。

12.（　　）如超重、超大的物品价值低于运费时，可按物品价值的 20%核收运费。

13.（　　）承运人在运输过程中，应当尽力救助患有急病、分娩、遇险的旅客。

14.（　　）对旅客讲话时应态度和蔼，音量适宜，称呼恰当，语言表达得体准确。听旅客讲话时应认真倾听，不得随意打断，正在行走遇有旅客问话时应停下来回答。夜间在卧车不得喧哗。

15.（　　）旅客人身伤害重伤指：肢体残废，容貌毁损，视觉、听觉丧失及其器官功能丧失。

16.（　　）铁路单位招收的农民合同制工人（在合同期内）和农民轮换工，本人使用乘车证的办法与铁路职工相同，但其家属、子女不得使用乘车证。

17.（　　）发到站间跨及两条及其以上线路时，应按照规定的接算站接算；通过轮渡时，轮渡里程另行计算。

18.（　　）听觉信号，长声为 3 s，短声为 1 s，音响间隔为 3 s。

19.（　　）站、车广播要坚持计划性、针对性、思想性、知识性相统一的原则。

20.（　　）事故金额的计算：现金、银行票据和坏账损失按实际损失计算。

二、单选题（第 21 题～第 100 题。选择一个正确的答案，将相应的字母填入题内的括号中。每题 1 分，满分 80 分。）

21. 停止运行站或列车应在旅客车票背面注明"（　　）"并加盖站名章或列车长名章，作为旅客免费返回发站、中途站办理退票、换车或延长有效期的凭证。

    A. 原因、日期、返回××站　　　　　B. 原因、日期、××站乘车

    C. 原因、日期　　　　　　　　　　　D. 原因、日期、车次

22. 铁路客运职工职业道德之顾全大局，要做到（　　）。

    A. 工作勤奋、业务熟练　　　　　　　B. 团结协作、密切配合

    C. 服从命令、执行标准　　　　　　　D. 公道正派、不徇私情

23. 铁路办理客货运输使用的各种车票、行李票、包裹票、货票、客货运杂费收据、定额收据、有价表格等统称为（　　）。

    A. 铁路客货运输票据　　　　　　　　B. 铁路运输票据

    C. 铁路货运票据　　　　　　　　　　D. 铁路客运票据

24. 客运监察人员在检查工作时发现的问题，填写"（　　）"。

    A. 客运记录　　B. 客运监察记录　　C. 通话记录　　　D. 铁路传真电报

25. 列车中相互连挂的车钩中心水平线的高度差，不得超过（　　）。

    A. 70 mm　　　　B. 65 mm　　　　C. 50 mm　　　　D. 75 mm

26. 陪同外宾的我国工作人员，凭注有"（　　）"字样的"中华人民共和国铁路免费乘车证"和工作证及批准证明享受外宾同等待遇，但用毕后应立即交回。

    A. 副件　　　　　B. 工作人员　　　　C. 免费　　　　　D. 陪同

27. 因站名相似或口音不同发生误售、误购，应退还车票票款时，凭（　　）乘车至到站退款。

    A. 原票和客运记录　　　　　　　　　B. 客运记录

    C. 新票和客运记录　　　　　　　　　D. 原票

28. 由于误售、误购、误乘或坐过了站在原通票有效期不能到达到站时，应根据（　　）至正当到站间的里程，重新计算通票有效期。

    A. 列车始发站　　B. 中转站　　　　C. 列车终点站　　D. 折返站

29. 包用娱乐车、餐车时停留费按每日每辆（　　）核收。

    A. 2 500 元　　　B. 501 元　　　　C. 1 002 元　　　D. 5 000 元

30. 旅客票价里程，按旅客乘车的（　　）计算。

    A. 指定径路　　　B. 最短径路　　　C. 实际径路　　　D. 近径路

31. 办理客运的车站的主要设施应包括（　　）三部分。

    A. 站房、站台、雨棚　　　　　　　　B. 站房、天桥、地道

    C. 站房、站场、站前广场　　　　　　D. 站房、站台、站前广场

32. 列车内发现无人护送的精神病旅客，列车长应指派专人看护，公安人员应予协助，移交（　　）处理。

    A. 中途站　　　　B. 最近到站　　　C. 换车站　　　　D. 到站或换车站

170

33. 行李、包裹运价是根据规定的运价区段，以（　　）的运价率乘以通过递远递减后而确定的计价里程，再乘以 5 千克，即得 5 千克为单位的运价基数。

　　A. 每 500 克每千米　　　　　B. 每千克每千米
　　C. 每 5 千克每千米　　　　　D. 每千克每米

34. （　　）不属于特种乘车证。

　　A. 中华人民共和国铁路免费乘车证
　　B. 全国铁路通用乘车证
　　C. 用于到外站装卸作业及抢险的调度命令
　　D. 便乘证

35. 发生线路中断旅客要求退票时，在中途站退还已收票价与已乘区间票价差额，不收退票费，但因违章加收的部分和（　　）的车票不退。

　　A. 失效　　　　　　　　　　B. 已使用至到站
　　C. 未使用至到站　　　　　　D. 列车上补购

36. 旅客在车站发现携带品损失时，应当在离开车站前向（　　）声明。

　　A. 发生站　　B. 中转站　　C. 终到站　　D. 始发站

37. 旅客票价包括（　　）两部分。

　　A. 客票票价和包裹运价　　　B. 客票票价和行李运价
　　C. 客票票价和附加票票价　　D. 软座票价和硬座票价

38. 大、中型客运站站前应有广场，站台应有雨棚(根据需要可设无站台柱雨棚)、导向设备，跨越线路应采用（　　）。

　　A. 高架天桥　　B. 平交过道　　C. 地道　　D. 天桥或地道

39. 车站应设有配线，并办理列车接发、会让和（　　）。

　　A. 通过作业　　B. 编组　　C. 客货运业务　　D. 客运业务

40. 每日事故的统计时间，由上一日（　　）时至当日（　　）时止，但填报事故发生时间时，应以实际时间为准，即以（　　）点改变日期。

　　A. 18、18、零　　B. 零、零、零　　C. 零、零、18　　D. 18、18、18

41. 遗失物品、暂存物品从收到日起，承运人对（　　）仍无人领取的物品应在车站进行通告。

　　A. 180 天以外　　B. 90 天以内　　C. 180 天以内　　D. 90 天以外

42. （　　）不符合事故调查组向组织事故调查组的机关提交《铁路交通事故调查报告》的期限。

　　A. 重大事故的调查期限为 30 日
　　B. 一般事故的调查期限为 10 日
　　C. 特别重大事故的调查期限为 50 日
　　D. 较大事故的调查期限为 20 日

43. 严禁持站台票人员和其他人员未经安检从出站口进入车站；铁路职工应凭工作证进入车站，携带行李物品（　　）通过安全检查。

　　A. 可不　　　　　　　　　　B. 向工作人员声明后，可不
　　C. 不准　　　　　　　　　　D. 必须

171

44. （　　）为因失职造成的无法收回的运输收入进款。
　　A. 票据事故　　B. 票据短少　　C. 现金事故　　D. 坏账损失

45. 一切车辆、自动走行机械和牲畜，均须在（　　）通过铁路。铁路工作人员发现有违反上述规定的情况时，应予制止。
　　A. 车钩连接处　　　　　　　　B. 站房外安全处
　　C. 立体交叉或平交道口处　　　D. 平交道口

46. 列车发生火灾、爆炸时，须立即停车（停车地点应尽量避开特大桥梁、长大隧道等）。电气化区段，同时应立即通知（　　）停电。
　　A. 机务部门　　B. 供电部门　　C. 车站　　D. 车辆部门

47. 《铁路乘车证管理办法》中不属于因公乘车的是（　　）。
　　A. 搬家　　B. 出差　　C. 旅游　　D. 驻勤

48. （　　）可以发售学生票。
　　A. 家庭居住地和学校不在同一城市时
　　B. 学校所在地有学生父或母其中一方时
　　C. 学生因休学、复学、转学、退学时
　　D. 学生往返于学校与实习地点时

49. 定期通勤乘车证，有效期间为（　　）。
　　A. 9个月　　B. 3个月　　C. 一个历年　　D. 6个月

50. 中间站台的宽度，特、一等站应不少于（　　）。
　　A. 12米　　B. 20米　　C. 10米　　D. 4米

51. 车站根据（　　），开设足够的售票窗口。
　　A. 旅客运输的能力　　　　　B. 旅客发送量
　　C. 客流的流量、流向　　　　D. 旅客发送和中转量

52. 托运的行李在50千克以内，按行李运价计算，超过50千克时，对超过部分按（　　）计算。
　　A. 四类包裹运费　　　　　B. 包裹与行李运价差额
　　C. 行李运价加倍　　　　　D. 包裹运价

53. 发生旅客人身伤害或急病时，车站或列车应会同公安人员勘查现场，收集旁证、物证，调查事故发生原因，编制（　　）并积极采取抢救措施，按照旅客人身伤害或疾病处理的有关规定办理。
　　A. 旅客伤亡事故记录　　　　B. 客运记录或旅客伤亡事故记录
　　C. 客运记录　　　　　　　　D. 事故速报

54. 客运服务人员在接班前，要充分休息，保持精力充沛。严禁在（　　）饮酒。
　　A. 下班后　　　　　　　　　B. 接班后
　　C. 接班前和工作中　　　　　D. 工作间休时间

55. 客流量较大的车站应设遗失物品招领处，遗失物品招领处应有明显的招领揭示。对遗失物品应（　　）。
　　A. 予以变卖，收归国库　　　B. 进行通告
　　C. 妥善保管，正确交付　　　D. 设法归还原主

56. 租用客车或企业自备客车在国家铁路的旅客列车或货物列车挂运时：行李车不分车种，按（ ）的80%核收。

    A. 实际定员票价　　　　　　　B. 标记定员票价

    C. 标记载重运费　　　　　　　D. 实际载重运费

57. 站、车业务宣传要内容准确。其他标语口号、宣传画的位置应适当。（ ）上不准涂写、粘贴标语或宣传口号。

    A. 站台建筑物　　B. 候车室内墙　　C. 车站建筑物　　D. 站房外墙

58. 因托运人申报不实或者遗漏重要情况，造成承运人损失的，（ ）承担损害赔偿责任。

    A. 托运人应当　　　　　　　　B. 承运人应当

    C. 承运人与托运人共同　　　　D. 承运人与托运人均不

59. 救援列车进行起复作业时，由救援列车负责人或者指定人员（ ）。

    A. 统一指挥　　B. 单一指挥　　C. 分级指挥　　D. 逐级指挥

60. 行李、包裹超过运到期限（ ）以上仍未到达时，收货人可以认为行李、包裹已灭失而向承运人提出赔偿。

    A. 180天　　　B. 90天　　　C. 30天　　　D. 60天

61. （ ）交接必须当面清点，不准以支票套取现金。

    A. 票据　　　　B. 现金　　　　C. 账款　　　　D. 支票

62. 损害是因受害人故意造成的，行为人（ ）责任。

    A. 承担50%　　B. 承担　　　　C. 承担80%　　D. 不承担

63. 旅客补票后又找到原票时，列车长应编制客运记录交旅客，作为在到站出站前向（ ）要求退还后补票价的依据。退票核收退票费。

    A. 列车始发站　　B. 列车终到站　　C. 发站　　　　D. 到站

64. 《铁路路风管理办法》规定：路风监察人员执行职务时，被检单位要支持配合检查人员工作，并（ ）。

    A. 提供条件　　B. 提供方便　　C. 提供便利　　D. 提供依据

65. 行李从运到日起、包裹从发出通知日起，承运人免费保管（ ），逾期到达的行李、包裹免费保管（ ）。

    A. 3天、5天　　B. 1天、3天　　C. 3天、10天　　D. 2天、3天

66. 旅客或无票人员在站内或列车上受到伤害，送医院抢救时，由车站凭加盖车站或客运公章的（ ）送当地医院。

    A. 客运记录　　　　　　　　　B. 介绍信

    C. 旅客伤亡事故记录　　　　　D. 证明

67. 装卸费及其他作业费属于（ ）。

    A. 客运收入　　B. 铁路建设基金　　C. 货运收入　　D. 代收款

68. "不可抗力"是指（ ）预见、（ ）避免并不能克服的客观情况。

    A. 能、不能　　B. 不能、不能　　C. 能、能　　D. 不能、能

69. 生产经营场所和员工宿舍应当设有符合（ ）的出口。禁止封闭、堵塞生产经营场所或者员工宿舍的出口。

A. 整体美观

B. 紧急疏散要求、标志明显、保持畅通

C. 城市建设要求

D. 残疾人通过

70. 四显示自动闭塞区段，一个绿色灯光和一个黄色灯光——准许列车由车站出发，表示运行前方有（　　）个闭塞分区空闲。

  A. 一　　　　　B. 三　　　　　C. 两　　　　　D. 四

71. 《铁路客运运价规则》中所指客运运价包括（　　）。

  A. 旅客票价　　　　　　　　B. 旅客票价和行李、包裹运价

  C. 客运杂费　　　　　　　　D. 旅客票价和客运杂费

72. 除特殊情况并经（　　）同意外，持低票价席别车票的旅客不能在高票价席别的车厢停留。

  A. 列车员　　B. 客运值班员　　C. 客运员　　D. 列车长

73. 站、车发生纠纷，在（　　）时，站、车双方均不得以任何理由阻碍开车，造成列车晚点。

  A. 列车开车　　　　　　　　B. 责任、原因不明

  C. 责任、原因明了　　　　　D. 未处理完毕

74. （　　）是铁路行车组织工作的基础。所有与列车运行有关的铁路各部门，必须按列车运行图的要求，组织本部门的工作，以保证列车按运行图运行。

  A. 机车周转图　　　　　　　B. 列车编组计划

  C. 直通客车运行图　　　　　D. 列车运行图

75. 《铁路路风管理办法》规定：殴打旅客、货主，（　　），或侵害旅客、货主人身权利情节严重，定为一般路风事件。

  A. 造成创伤　　B. 造成伤害　　C. 造成轻微伤　　D. 造成轻伤

76. 铁路信号中的红色表示（　　）。

  A. 按规定速度运行　　　　　B. 停车

  C. 迅速通过　　　　　　　　D. 注意或减低速度

77. （　　）是指机务、车辆、工务、电务、供电等段专用并由其管理的线路。

  A. 段管线　　　B. 岔线　　　C. 站线　　　D. 特别用途线

78. 本年度的全年定期、定期通勤、通勤、定期就医、定期购粮乘车证，可延期使用到（　　）。

  A. 当年的二月十五日　　　　B. 次年的十二月三十一日

  C. 当年的十二月三十一日　　D. 次年的一月十五日

79. 站、车播音时间，从（　　），每次连续播音不超过一小时，间歇时间不超过半小时。

  A. 七点至二十二点　　　　　B. 九点至二十一点

  C. 八点至二十一点　　　　　D. 六点至二十一点

80. 候车室内气温低于（　　）℃时，应及时供暖。

  A. 14　　　　　B. 18　　　　　C. 16　　　　　D. 12

81. 客运部门责任分为车站责任和（　　）。
    A. 行车部门责任　　　　　　B. 其他责任
    C. 列车责任　　　　　　　　D. 第三人责任
82. 《铁路运输收入管理规程》中规定，到付：批准按到付办理的货物运杂费、中途站和到站发生的杂费，由（　　）负责计费收款，到达运输企业审核列账。
    A. 中途站　　　B. 二等站　　　C. 到站　　　D. 发站
83. 《铁路危险货物运输管理规程》规定，（　　）属于爆炸品。
    A. 非易燃无毒气体　　　　　B. 不呈现重大危险的物质和物品
    C. 危害环境的物质　　　　　D. 酸性腐蚀性物质
84. 昼间要求列车停车的手信号是（　　）。
    A. 展开的红色信号旗
    B. 用红色信号旗下压数次
    C. 展开的红色信号旗高举头上左右摇动
    D. 展开的红色信号旗在下部左右摇动
85. 客运职工在通过线路时，应走天桥、（　　）、平过道。
    A. 路肩　　　B. 轨面　　　C. 股道　　　D. 地道
86. 《铁路路风管理办法》规定：路风监察人员执行职务时，任何单位或个人不得（　　）。
    A. 拒绝检查并打击报复　　　B. 隐瞒真相，弄虚作假
    C. 拒绝、阻碍或打击报复　　D. 拒绝、阻碍或隐瞒事实
87. 《铁路路风管理办法》规定：构成严重路风事件的，给予决策者或直接责任者（　　）。
    A. 开除处分　　　　　　　　B. 记大过至撤职处分
    C. 撤职处分　　　　　　　　D. 警告处分
88. 行李的体积以适于装入行李车为限，但最小不得小于（　　）。
    A. 0.1 立方米　B. 1 立方米　C. 0.01 立方米　D. 0.001 立方米
89. 20人以上乘车日期、（　　）、座别相同的旅客可作为团体旅客，承运人应优先安排；如填发代用票时除代用票持票本人外，每人另发一张团体旅客证。
    A. 票价　　　B. 车次、到站　C. 径路　　　D. 发站、到站
90. 《铁路路风管理办法》中指出：路风工作坚持"（　　）"的方针。
    A. 检查监督、纠建并举　　　B. 综合治理、及时纠正
    C. 标本兼治、纠建并举　　　D. 标本兼治、赏罚分明
91. 遇有特殊情况，经（　　）同意，（　　）可批准旅客列车在不停车站临时停车。
    A. 国铁集团、铁路局集团有限公司　B. 上级调度主管部门、客调
    C. 客运主管部门、客调　　　　　　D. 铁路局集团有限公司领导、客调
92. 客流综合调查每（　　）进行一次。
    A. 半年　　　B. 季度　　　C. 年　　　D. 两年
93. 旅客在乘车区间内凭有效客票每张可托运（　　）行李，残疾人车（　　）。

A. 两次、一次   B. 一次、两次   C. 一次、一次   D. 一次、不限次数

94. 随同成人进站年龄不足（   ）的儿童可不购票。

     A. 6 周岁   B. 10 周岁   C. 14 周岁   D. 12 周岁

95. 《铁路旅客运输管理规则》规定，对在不准吸烟处所吸烟的旅客，客运服务人员应（   ）。

     A. 给予处罚   B. 驱出候车室   C. 严禁乘车   D. 进行劝阻

96. 食品生产经营人员（   ）必须进行健康检查；新参加工作和临时参加工作的食品生产经营人员必须进行健康检查，取得健康证明后方可参加工作。

     A. 每月   B. 每季度   C. 每年   D. 每两年

97. 持通票的旅客在中转站和列车上要求变更径路时，必须在通票有效期能够到达到站时方可办理。办理时，原票价低于变径后的票价时，应补收（   ），核收手续费。

     A. 新旧径路里程差额票价   B. 新径路里程票价

     C. 新旧径路里程票价差额   D. 旧径路里程票价

98. 铁路各系统之间的公文及其附属品可以通过旅客列车的（   ）免费运送。

     A. 硬卧车   B. 软卧车   C. 行李车   D. 硬座车

99. 年龄超过（   ）的儿童使用儿童票乘车时，应补收儿童票价与全价票价的差额，核收手续费。

     A. 6 岁   B. 10 岁   C. 14 岁   D. 12 岁

100. 代用票应按顺号装订，保管（   ）。

     A. 一年   B. 三个月   C. 两年   D. 半年

铁路客运相关知识题参考答案

一、判断题

1	2	3	4	5	6	7	8	9	10
√	×	√	×	√	√	√	×	×	×
11	**12**	**13**	**14**	**15**	**16**	**17**	**18**	**19**	**20**
×	×	√	√	√	√	×	×	√	√

二、单选题

21	22	23	24	25	26	27	28	29	30
A	B	A	B	D	D	A	D	D	C
31	**32**	**33**	**34**	**35**	**36**	**37**	**38**	**39**	**40**
C	D	B	D	B	A	C	D	C	A
41	**42**	**43**	**44**	**45**	**46**	**47**	**48**	**49**	**50**
B	C	D	D	C	D	C	A	C	A
51	**52**	**53**	**54**	**55**	**56**	**57**	**58**	**59**	**60**
B	C	B	C	C	C	C	A	B	C
61	**62**	**63**	**64**	**65**	**66**	**67**	**68**	**69**	**70**
B	D	D	C	C	A	D	B	B	C
71	**72**	**73**	**74**	**75**	**76**	**77**	**78**	**79**	**80**
B	D	B	D	C	B	A	D	A	A
81	**82**	**83**	**84**	**85**	**86**	**87**	**88**	**89**	**90**
C	C	B	A	D	C	B	C	B	C
91	**92**	**93**	**94**	**95**	**96**	**97**	**98**	**99**	**100**
C	D	D	B	D	C	C	C	C	A

参 考 文 献

[1] 中国国家铁路集团有限公司客运部. 铁路旅客运输组织[M]. 北京：中国铁道出版社有限公司，2022.

[2] 范礼，王付顺. 铁路客运服务礼仪[M]. 北京：人民交通出版社，2021.

[3] 张玉，焦崇玉，牟景海. 铁路客运组织[M]. 北京. 北京交通大学出版社，2020.

[4] 宋玉佳，刘晶，肖宝玲. 铁路客运服务与礼仪[M]. 2 版. 成都：西南交通大学出版社，2018.